后妃

五代十国的那些

李 婍 ◎ 著

中国言实出版社

图书在版编目（CIP）数据

五代十国的那些后妃 / 李婍著. —北京：中国
言实出版社，2014.4

ISBN 978 - 7 - 5171 - 0500 - 8

I. ①五… Ⅱ. ①李… Ⅲ.①后妃-人物研究-中
国-五代十国时期 Ⅳ. ①K828.5

中国版本图书馆 CIP 数据核字（2014）第 059696 号

责任编辑：郭江妮

出版发行 中国言实出版社
　　　　　　地　　址：北京市朝阳区北苑路 180 号加利大厦 5 号楼 105 室
　　　　　　邮　　编：100101
　　　　　　编辑部：北京市西城区百万庄大街甲 16 号五层
　　　　　　邮　　编：100037
　　　　　　电　　话：64924853（总编室）　　64924716（发行部）
　　　　　　网　　址：www. zgyscbs. cn
　　　　　　E- mail：zgyscbs@ 263. net
经　　销 新华书店
印　　刷 北京毅峰迅捷印刷有限公司
版　　次 2014 年 6 月第 1 版　　2024 年 1 月第 2 次印刷
规　　格 710 毫米×1000 毫米　　1/16　　15.5 印张
字　　数 164 千字
定　　价 48.00 元　　ISBN 978 - 7 - 5171 - 0500 - 8

序

乱世女人的情殇

翻开五代十国的宫闱爱情史，遥远的冷香徐徐从历史深处飘来，生活在那个时代的女子，在故国不堪回首月明中的凄楚泪水中，无力主宰自己的爱情，无力主宰自己的命运，刀光剑影人生流离的乱世，任凭红颜、爱情甚至生命在风雨中飘摇，直至最终无声凋零。

女人难为，乱世中的女人难为，乱世中美丽的宫廷女子更难为。但凡那些乱世女人花，总会遇上一曲乱世悲歌，那些风华绝代的佳人，那些集万千宠爱于一身的宫廷女子，在国破家亡的局势下，爱恨迷离，她们承担的身心伤害，有多深，有多重，只有她们自己最清楚。

那是一个怎样的乱世啊，战争频仍，政权更迭，皇帝轮流做，你方唱罢我登场，战争阴云淹没了多少期期艾艾的红颜美梦，永不间断的战争烽烟中，哪里放得下女人们的一张梳妆台，她们战战兢兢生活在最弱势的角落里，听凭那些纵横沙场唱主角的男人们摆布。

权力、土地、女人是男人们的最爱，拥有了这些就是男人成功的标志，那一场场接连不断的战争，甚至都不用正义的面纱伪装一下，瞬间的烂漫美丽爱情与漫长的战争苦难相比，爱情对她们来说不过是个奢望，她们连自己的贞操都保不住，哪敢奢谈爱情。

美人们在乱世有不同的活法，唯独不能替自己活一回，最终，她们都是一无所有地凋零在岁月的深处，连同那国色天香倾城倾国的芳华。也许，今天她们还是这个男人的后妃，明天改朝换代了，她们又归到另外一个男人名下；也许昨夜她们还是婶娘身份，今夜就变成了侄子的老婆；也许刚刚她们还过着锦衣玉食的安逸生活，转眼间已是衣衫褴褛的阶下囚。谁抢到她们，谁就是她们的男人，她们是俘虏和战利品，贞操碎了一地不是她们的过错，那世道容不得她们拥有自尊自强、独善其身的品格精神，即使保全了一个名分随着亡国的夫君流亡他乡，寄人篱下，雕栏玉砌应犹在，也不再是旧日颜色，自己的爱情也同样由不得自己做主，自己的命运由不得自己支配。

美丽的女人生于乱世，确确实实是一个错误，是一个美丽而心酸的遗憾，纵有千种风情，纵有万种风韵，纵有无限风骨，纵有绝代风姿，终被淹没在无尽的悲愁和苍凉中，落得一声叹息。

在这部书里，旨在向你展示那个历史时期鲜为人知的宫闱秘史，展示五代十国真实乱世中红粉佳人的爱恨情仇……

这是作者对乱世佳人爱情的深度解读……

李婍

目 录

第一篇

乱世佳人柔情

　　她们有着"芙蓉凋嫩脸，杨柳堕新眉"的妩媚，有着"山月不知心里事，水风空落眼前花"的花间情丝，这些乱世佳人把闺情离愁和脂粉爱情安放在纷乱的朝代，缠绵悱恻之余多了些许壮丽动人的传奇色彩。

1 混世魔王一生最钟情的女人

——后梁太祖朱温的皇后张惠

　　良人在爱情上钟爱一生也未必有人记得，痞子流氓偶尔在情爱上痴情一把却能感动历史。许多人都不喜欢后梁太祖朱温，但是他对张惠的钟情，为他赚回了不少人气指数。

　　朱温这种本质上就是有地痞流氓本性的人，也有他的情感软肋，他一生最爱的是张惠，最怕的也是张惠。

　　两个人虽然都是安徽砀山人，但不是青梅竹马的爱情伙伴。当少年的朱温骑着他的破竹马在乡下过着吃不饱穿不暖的贫困生活的时候，"官二代""富二代"娇娇女张惠却在她的香闺中手拈青梅做着美好的白马王子梦。那时候朱温没见过什么美女，他的眼界仅限于周围和他同等生活水平的柴禾妞，他最大的人生目标就是能过上温饱生活，娶上一个稍微顺眼一些的村妞。

　　不要以为过这种赤贫生活的老朱家是土里刨食大字不识的纯贫下中农，朱老爸朱诚其实是一个有些学问的乡村教师。唐朝末年，乡村教师的收入也不是很高，但是勉勉强强能养家糊口，一个老婆三个儿子都靠朱老师一个人的工资吃饭，能凑合着吃饱已经很不错了。但是，就是这样的生活，后来都保证不了了，朱老师常年带病工作体力不支，早早去世了，把养家糊口的重担留给了既没有土地又没有文化也没有姿色的老婆，这个年轻寡妇唯一的办法就是到萧县大户人家刘崇家做女佣人打工，靠自己的双手挣钱养活三个儿子。

　　那一年朱温的大哥朱全昱，二哥朱存和朱温都已经是少年了，朱诚教了一辈子书，却没有教育好三个儿子，也许他们看到老爸读了一辈子书，却穷酸了一辈子，于是不再相信书中自有黄金屋书中自有颜如玉之类的鬼话，朱老师的教子不成功案例，从一个侧面体现了中国的基层知识分子的悲哀。朱家三个孩子没有一个对读书感兴趣，他们不仅仅是学业上毫无长进，而且个个都是游手好闲的流氓无赖，朱老师是带着惭愧和无奈死去的，他不敢想象自己死后，老婆怎样带着三个不争气的儿子讨生活。

　　凭着朱老妈一个女人家，养活三个即将成年的儿子，真够让她老人家为难的，她好不容易劝说好了三个儿子，和自己一起在刘崇家打工，朱温三兄弟虽然没有学问，力气总还是有的。刘崇虽然和老朱家不在一个县，但也听说这三个不良少年善于偷鸡摸狗打群架，本来是不想让他们到府上工作的，看朱老妈说得可怜兮兮的，就答应了。

　　刚进刘崇家打工的时候，哥仨儿表现还是不错的，他们为了活着，不得不暂时收敛起锋芒毕露的禀性，工作虽说不上积极勤奋，却也基本上能完成分内工作，三四年之内，没有惹太大的麻烦。几年的时间里，他们默默地隐忍着，这份隐忍让朱家兄弟在凶悍的性格之中，又增添了一些狡猾奸诈。作为外地打工仔，寄人篱下讨生活，可以设想他们的境遇不会太好，他们的原则是，大坏事不干，小坏事不断，他们没惹大麻烦不等于不惹麻烦，不在刘崇府上惹麻烦不等于不到外面惹麻烦，在他们身上，小打小闹的暴力事件时有发生，周围的乡民对这三个兄弟是又恨又怕，不过，因为有刘崇这棵大树罩着，人们对他们家的这三个无赖打工者，一点办法都没有。

三年多之后，一切稳定下来，朱温和二哥又有些不甘寂寞了，正值青春期的萌动中，他们总想折腾点惊天动地的大事，恰逢附近地方有人造反抢劫大户，这种事情让他们心中痒痒的，趁着某个月黑风高夜，也悄悄加入到抢劫团伙中，跟着人家一起去作案，很快就案发了，朱温和二哥朱存负罪潜逃，流浪江湖。作为官府的通缉犯，他们不敢再在萧县混了，四处游荡，吃碰头食儿，据说在流浪江湖的路上曾经偶尔邂逅了美丽的张惠。那时候，张惠的老爸张蕤是宋州刺史，相当于现在的市长或市委书记，正厅级干部，也就是说张惠是正厅级干部的千金，朱家兄弟作为宋州辖区的地痞流氓，本来是没有机会见到张市长家的大小姐的，赶上那天张惠陪着老妈到寺庙烧香，恰好让正在这一带游荡的在逃犯朱温兄弟撞见了。

从来没有见过这个级别、这个档次美女的朱温，一下子被这绝世美色惊呆了，凭着他仅有的一点历史知识，他想起了东汉光武帝刘秀和阴丽华的故事，他告诉哥哥朱存，俺朱温一旦当上皇帝，就要像汉光武帝那样娶阴丽华式的美女。朱存虽然也看着张大小姐美丽，却不敢做这样的白日梦，他拍着朱温的肩膀劝他：算了吧老弟，现在咱哥们儿房无一间地无一垄，整天像丧家之犬似地到处流浪，连下顿饭都不知道到哪儿去讨，别做梦娶媳妇了。

朱温不甘心地又肆无忌惮狠狠盯了张惠两眼，他要牢牢记住张惠的模样。符合"白富美"美女标准的"官二代"少女张惠，从来没遇见过哪个衣衫褴褛的要饭的敢这样死死盯着她看，所以，她也多看了朱温两眼，那妩媚的惊鸿一瞥让朱温一辈子都记在了心里。

从此，在痞子无赖朱温的内心深处有了一个美好理想，就是为了娶到张领导家的美丽千金而奋斗终身。

朱家兄弟在外面躲避流浪了一阵子，待到风声一过又回到刘崇家接着打工。对这种有涉黑嫌疑的打工仔，刘府也不敢随便开除，说不定今天白天把他开除了，晚上他就找几个人把他的家产抢窃一空，谁敢招惹这种人啊。

凑合着在刘家干到第十个年头，朱温已经是二十多岁的愤青了。他到了该娶媳妇的年纪，一直没娶，一是确实没有那个经济实力，二是他心里一直装着阴丽华式的美女张惠。他时刻等待着一个改变命运的机会，冥冥中，他感觉会有这样一个机会的，只是不知道那究竟是怎样一种改变命运的方式。

唐僖宗乾符四年，有消息说，盐贩子黄巢在山东曹州起兵造反了。口口相传的农耕信息时代，信息的传递速度很慢，传到朱温兄弟耳朵里的时候，黄巢的革命队伍已经像模像样的了。朱温被这个消息激动得心潮澎湃，他告诉自己，机会终于来了。

也不怪黄巢造反，唐朝末年政局风雨飘摇，唐懿宗执政的时候，把主要精力放在酒场和看戏听音乐上，宫里面每天都要大摆宴席，能把宫廷改为酒店的皇帝非唐懿宗莫属，这个天天泡在酒缸里的皇帝四十一岁就一命呜呼了，换上了一个十三四岁的少年皇帝唐僖宗，这个身量还没长够的小皇帝，根本没想明白当皇帝是怎么回事就被推上皇位，他工作的重点比他老爸还花哨，斗鸡、赌鹅、赌博、打马球，总之小皇帝爱好广泛，主要爱好都集中在文体上，赶上今天说不定还就是国家足球队的队员了。他曾经自夸：朕要是参加击球进士科考试，一定能中个状元啥的。皇帝把斗鸡、赌鹅、打球作为中心工作，国家社稷之类的自然就顾不上了，他把国家大事随便交付给别人管理，一心一意搞文体娱乐，即使黄巢的起义军已经成了气候，这个玩乐皇帝也没有收回他的玩乐之心。

黄巢的队伍很快就打到了朱温的老家，二十五岁的朱温毫不犹豫地和二哥朱存加入到了起义军队伍中。像他们这样的流氓无产者，因为平时造就的性格，一般打仗不要命，这样很快就被破格提升重用，由人下人一下子变成了有职有权的军官。

朱温当然没有忘记自己当初的奋斗目标，在革命武装镇压下，宋州唐朝政府的正厅级最高领导干部张蕤是当之无愧的专政对象，听说张蕤已经变成了阶下囚，朱温最惦记最牵挂的是张家的小姐张惠的下落，他当务之急是必须立即找到张惠，否则，晚一步说不定就被哪个起义军的首领搞到自己家里当老婆去了。黄巢的革命军纪律很松散，队伍里的官兵都是奔着能过上好日子，奔着抢个漂亮女人来的，如果下手晚了，自己的奋斗目标不就泡了汤吗。

朱温派出人到处找寻张惠，自己也亲自去找，几天下来并没有音讯，就在几近失望的时候，有几个士兵押着两个衣衫褴褛的女子过来了，朱温一眼就认出那个故意把自己伪装得邋里邋遢的年轻女子就是他苦苦找寻的张惠。

有时候不相信缘分真不行，朱温和张惠确是一对有缘人，他留下张惠，以为以自己的出身，要娶这个大家闺秀一定会费一番周折的，所以准备打一场爱情持久战。没想到张惠明白朱温的心思之后，稍作矜持，就应承下来。张小姐之所以这样痛痛快快地答应嫁给朱温，不是因为她想给自己和家人找个临时靠山，古代女子在婚姻爱情上没这么功利，她从在寺庙外第一次见到朱温，就感觉到他的与众不同，孤傲自恋的张小姐还没遇上过敢于大胆向自己表白爱情的男人，只有那一次这个脏兮兮的流浪少年敢于那样大胆而霸气地死盯着她看，她感觉到了朱温的与众不同，觉得这个人将来绝对不是一般人。

对张惠的决定，家里人都坚决反对，老爸老妈的立场非常坚定，他们告诉女儿，即使我们落魄成草民，也不能降价处理，饥不择食地嫁给一个没有文化且品行很差的流氓无赖。张惠回绝爹妈，我没有把自己降价处理，我爱他，这个男人就是我想要的那一个。

爱情就是虽然把他看透了还能喜欢他的那种飞蛾扑火的义无反顾，缘分是心有灵犀一见如故的某种奇妙感觉，朱温和张惠不约而同抓牢了这次美丽的机遇，他们互相征服了对方，把对方当做这辈子的归宿。那个时候的朱温还是有些可爱的地方，至少，在他对张惠的爱情上，曾经有过真情。

朱温是个粗人，但在迎娶张惠的问题上，包括每一个细节都绝不马虎,一切按照贵族人家迎亲的规格程序套路,绝不委屈自己的心上人。战乱的土地上,那一场大肆张扬的,像模像样的豪华隆重的婚礼成为当时的一大景观,张惠骄傲地成为朱温的新娘。

把自己的梦中情人娶回家之后,朱温下一步的目标是,怎样让自己变成刘秀,让张惠变成阴丽华。他要凭着自己的努力给美丽的夫人一个大惊喜,即使不能让她当上皇后,至少也是一个人人艳羡的贵妇。

朱温跟着黄巢南征北战,哥哥朱存阵亡后,他更加所向披靡,英勇作战,三十来岁就成为黄巢大齐政权手握重权的大臣和名将。但是,黄巢的政权极不稳定,但凡能起来造反的乌合之众,一般都各揣心机,没有严明的纪律严格的制度作保障,没有强大的群众基础,没有雄厚的经济后盾,唐朝的正规军打过来,他们立即乱成一锅粥。朱温敏感地意识到,这样下去,起于草莽的起义军是死路一条,要实现自己的远大理想,必须另谋生路。

脑筋急转弯之后,朱温当机立断跳槽到了唐朝这边,说好听一点叫跳槽,说的客观一点就是叛降,当了起义军的叛徒。

一般来讲,对叛逃归降的将领,接收方要给一些优厚条件,唐僖宗给朱温的待遇也还算优厚,一是任命朱温为左金吾大将军、河中行营招讨副使,掌管皇帝禁卫、扈从等事的亲军;二是承诺等朱温收复京城长安后,任命他做汴州刺史、宣武军节度使;三是亲自赐给朱温一个名字——朱全忠,意思是让他全心全意忠于自己。

只会斗鸡、赌鹅、踢球的皇帝思路确实是有问题,一个勇于当叛徒的人，怎么可能会"全忠"，他只能把自己的利益最大化，衡量一切的标准就是是否符合他的既得利益，一旦妨碍了他的利益，他立即会反目成仇六亲不认，什么黄巢，什么唐僖宗，不过是他利用来达到自己理想彼岸的一个道具。他随时准备背叛任何人，只有一个张惠属于例外。

张惠是朱温永远的梦想，不管多无耻多坏的人，总会有一个美好梦想。

对别人是虎狼之心，对老婆百般依顺，朱温的性格中的两面性表现得极为突出，他对张惠的每一句话都是不折不扣地执行，对所有的人都可以耍混蛋，不讲人伦道德，唯独对张惠，永远是敬着爱着捧着宠着，恭恭敬敬、服服帖帖。

在重大军政问题上，张惠经常发表自己的意见，有时候部队已经出师了，张惠有了新的计谋或者决策，派人追上队伍，传达自己的指令，叫朱温班师回朝，这时候，朱温会乖乖地带兵回去，悉听夫人分解。

毫无疑问，张惠是一个聪明女人，只有聪明女人，才能把自己的老公管理的服服帖帖。她对朱温的管理以疏为主，朱温这种好色之徒，肯定不会放弃沾花惹草，肯定也会娶回几房小老婆，她不是用争风吃醋的方式对待这件事，而是把她们当姐妹看待，让朱温自惭形愧地感觉自己在张惠手里有短处。

也只有张惠这样的女人，才能帮助朱温成就大事业。像朱温这种性格暴戾的一介武夫莽汉，经常拿着杀人当儿戏，赶上一个不高兴，说不定谁就会人头落地，等气消了，明白了被杀的人很无辜，已经无可挽回了。因为身边有明智的张惠时常劝解，朱温一辈子少杀了不少人，救下了许多无辜性命。仅仅凭着这一点，张惠在世人心目中的位置就变得越来越高大起来。

被张惠救下的还有他们的儿子朱友裕。

朱温和张惠生的儿子叫朱友裕，这个从小在兵营中长大的少年，稍稍长大以后也开始带兵打仗，在攻打泰宁军节度使朱瑾的战役中，朱友裕打败了朱瑾。朱瑾落荒而逃，没有作战经验的朱友裕没有乘胜追击就草草收兵，急着凯旋回去向老爸报功邀赏，没想到赏没邀成，差点连命都送掉。按照正常作战模式，在朱瑾败逃之后，应当奋勇追穷寇，不给对方喘息的机会，一举把他消灭，朱友裕的做法违反常规作战模式，朱温怀疑朱友裕和朱瑾私通，要杀他。朱友裕吓得躲到山里不敢出来，张惠看着儿子这样东躲西藏的，就让人给他送信，告诉他以平民打扮到朱温驻扎的汴梁，让他向朱温请罪，关键时候老妈会出面救他。

朱友裕让人把自己捆绑好了去见朱温，跪着对他说，老爸我错了，让我戴罪立功吧。朱温说，想得美，你以为你来认错就逃得了一死吗，你以为你是我的儿子就能得到赦免吗？休想，来人，给我拉出去斩了。

张惠以为儿子回来认个错，一切就过去了，她正安心在自己房间歇着，有人慌慌张张来报：朱友裕的命保不住了，他爸正要把他拉出去斩首呢。

张惠起身下床，鞋都没穿就跑到朱温的大殿，当着这么多人没法呵斥朱温，她只好冲着朱友裕说话，但是话里有话：儿子，你把自己捆绑着来请罪，不正要告诉你老爸你根本没有造反的心思吗？你好笨，连这样几句话都跟老爸说不明白啊。

这话是说给朱温听的，朱温听明白了，挥手让别人散了去，亲手给朱友裕松了绑。张惠等于又给了朱友裕第二次生命，实指望一旦朱温打下天下，儿子也可以继承皇位弄个皇上当当，但是，朱友裕英年早逝，病死在疆场上，死时也不过二十多岁。因为他的去世，朱温在传位问题上为了难，最终还是在这个问题上出了大问题，自己也搭进去一条老命。

或许是儿子的死让张惠受了打击，她没有支撑到朱温正式当上皇帝的那一天，儿子死后的第三年，在朱温灭唐建后梁前的胜利前夜，她得了重病，朱温等到消息飞奔回来，见了张惠最后一面。

张惠拉着朱温的手告诉他：眼看大业就要成功了，如果能实现登基的愿望，我有一句话要留给你，戒杀远色，不要冤杀部下，不要贪恋酒色，没有我的日子里你要保重自己，牢记我最后的嘱托。

朱温流着泪说记住了，他口头答应了张惠的遗言。当上皇帝后，为了怀念最心爱的这个女人，永远没有立皇后，也就是说，张惠在朱温心中的位置永远没有人可以替代，朱温登上皇帝宝座后，追封她为贤妃。后来，朱温和张惠的另一个儿子朱友贞当皇帝后，张惠被追认为元贞皇太后。

对张惠的多情，并没有制止住朱温放纵声色的步伐。没有了张惠的制约，朱温彻底忘记了张惠临死前苦口婆心的忠告，他不仅仅是耽于声色，而且很有创意地把儿媳妇们都收容到自己的女人队伍中，本着不让资源闲置的原则，在儿子们外出打仗的时候，他一一安抚孤独寂寞的儿媳妇们，最终死在了儿子刀下，这个下场是死去了八年的张惠无论如何都想不到的。

2 草根美女花见羞的情路历程
——后唐明宗李嗣源的后妃花见羞

她号称五代十国第一美女，花见羞是她的外号，类似今天美女美眉的网名，叫习惯了这个名字，她的真实名字反而被人们遗忘了。

从历史记下来的只言片语中，得知花见羞姓王，后梁邠州人，邠州这个地方历史悠久，古时候叫豳州，《诗经》里的著名的"七月流火，九月授衣"吟唱的古豳之地就是这个地方，州府所在地大约在今天的陕西省咸阳市的彬县，位于陕甘两省的交界处。这个地方的人们做面食是很有名的，到现在彬县小吃依然花样繁多。后梁时候，花见羞的老爸老妈在城里开了家饼店，王家饼店专门烙制味美价廉的烧饼，虽是小本买卖，薄利多销，经营的时间长了，也一样能赚钱。

王家饼店的掌柜的有一个美丽可爱的小女儿，被人们称做烧饼西施。烧饼西施没有上过学，她从十二三岁就开始在饼店帮着跑堂，是后梁最美丽的最清纯的卖饼美女。因为有了这个美女服务员，饼店的生意越做越好，都说秀色可餐，就着秀色进餐该是一种什么样的享受。

花见羞这个外号是通过去伪存真去粗取精，摒弃了许多其他外号，在大家形成共识的基础上慢慢约定俗成的。

从此，这个卖烧饼的小妞儿就叫花见羞了。

天生丽质的草根美女花见羞，充分利用自己的优越资源，帮着老爸迎来送往，赚得钵满盆满。这一特殊的职业培训学校练就了她在迎来送往中察颜观色，巧妙地周旋应酬对付各色人等的本领。人情练达皆文章，花见羞通过实战经验，让自己十六七岁就成长为能够独当一面的饼店女老板。

不过，美丽的花见羞并不甘心一辈子就磨叽在这个小小的饼店里，她并不热爱烙烧饼卖烧饼这个职业，不喜欢自己整天带着一身大饼味道的平庸生活。眼下在饼店工作是出于无奈，她私下里一直在自学文化，想通过读书让自己变得优雅一些，有内涵一些，至少和其他烧饼店的女孩子在气质上有所不同。

文化的滋养和熏陶让花见羞在外表俊美的基础上，多了一些与众不同的内在气质。一个卖饼的小妞把自己搞的像个饱读诗书的大家闺秀，更加吸引食客的眼球，王家饼店从早到晚顾客不断，这红火的经营现状，让王老爸几乎要动心思开连锁店了，比如王家饼店隘巷分店、王家饼店老北街分店等等。连锁店还没来得及开，王家就因为花见羞成为大将军的夫人，而荣升为贵族亲戚的行列，开饼店这种挣小钱儿的买卖当然就不看在眼里了。

喜欢上花见羞的那个男人是后梁大将刘鄩，作为一员大将，在烽火连天的时代，刘鄩必须南征北战，带领他的军队守卫好后梁的江山。偶尔到邠州，刚刚落脚就听说这个地方有个著名烧饼西施花见羞。五十多岁的刘鄩有普天下男人共有的通病，喜欢美女，比较好色。在这方面古今的男人没多大区别，看到绝色美女几乎所有男人都会心猿意马，只是表现形式不同而已。

刘鄩这种在作风问题上对自己要求不严格的男人，更是难以抵挡妙龄美女的诱惑，他冒称食客到王家饼店吃烧饼，一双色迷迷的眼睛一直就没有离开过花见羞。对这种放肆的目光，花见羞久经沙场，已经见怪不怪了。她装作根本没在意，骨子里对这个陌生的老男人一百个看不起，没出息样儿，没见过女人啊？

刘䶮见识过太多女人，甚至他家里也有老老少少一群美色，但是像花见羞这个品级的，他还是第一次看到。回到驻地，他立即把娶花见羞做 N 房少奶奶纳入议事日程，并立即派人到饼店说媒提亲。

一听说刚才来过的老男人想娶自己做小老婆，花见羞心理上很抗拒。十七岁的古代女子已经到了谈婚论嫁的年龄，她心目中的郎君是风流倜傥，英俊潇洒的少年郎，她确实梦想嫁给一名相貌堂堂的将军，但是绝不是刘䶮这样的老男人。古代男人长到五十岁，就已经名正言顺地归到老男人的行列了，倘若在今天的城市中，你说哪个五十岁的男士是老男人，他即使不明着跟你急，私下也是满心的不乐意。

但是，刘䶮的职权和地位是硬邦邦的条件，任是哪个英俊少年郎都难以攀比，老爸首先动了心思，用一个美丽的女儿，换得全家的荣华富贵，一直做小买卖擅长算计的王老板，通过投入产出比率分析，感觉这是一桩不算赔本儿的买卖，就动员全体亲友团轮番做花见羞的思想工作。花见羞看遍周围的男人，觉得自己也找不到更好的归宿，索性就从了吧。

十七岁的花见羞成为五十多岁的刘䶮的小妾，对这个孙女年龄的小老婆，刘䶮宠着哄着，把一辈子总结出来的讨好女人的经验都用到这个女子身上，想必刘将军这样的风流军人，一辈子没少见识女人，从其他女人身上不断总结经验教训，到这会儿，他在情感上把控管理美女的技术已经炉火纯青了。

天下女人的通病就是都依赖迷恋爱情，只要自己的感情被某个男人忽悠住了，不管这男人多老多丑，都会一心一意爱上他。

更何况刘�很有男人味儿，很有钱财，对这个小美妾，他从来没有吝惜过钱财，他手头掌握着大量财富，是她做十辈子烧饼西施都挣不了来的。

刘�的原配以及大群的儿女应当是生活在故乡或者别的地方，说穿了，花见羞不过是一个明媒正娶的二奶或者外室，但是，刘�生命的最后岁月，把花见羞当做唯一的女人，这个女人当然也把他当成了唯一。

后梁的江山很不稳定，从它建立的那天起，亡唐的残余势力就没有停止过他们的进攻，反攻倒算恢复大唐的天下是他们一直在做的美梦。这样，刘�经常要处于战斗状态，在娶到花见羞一年多之后，战死在疆场。

不到十九岁就变成了寡妇，身边没有儿女，家里养的工勤服务人员一看刘�这棵大树倒了，也树倒猢狲散地都离去另谋高就了，只剩下一个贴身丫鬟、一个跟随了刘�一辈子的老仆人没有走。花见羞办理完刘�的丧事，在墓旁修了个小房子，住在那里为刘�守节。

中国古代道德观念对女人有这个要求，老公死了，死者的遗孀应该搬到墓旁居住，以示守节。从春秋战国时期开始，就已经有了这个规矩，孟子的老爸死的早，孟母就在墓旁不远的地方居住守节，所以差点儿没把孟子培养成丧葬服务人员，幸亏及时迁居。

偏远荒郊野外的孤坟野冢上，花见羞一袭白衣，孤独地守在坟地，十八九岁的花季女子，眨眼间沦为可怜兮兮的小寡妇。他们之间仅仅一年多的夫妻情感，未必情深似海，从某种意义上来说，花见羞的坚守只是出于一种道义。一些怜香惜玉的男人见不得花见羞这样梨花带雨般的可怜，就想趁机照顾照顾她，被她严词拒绝了，也有人想娶花见羞当小老婆甚至当正房老婆，她没有动心思。在五代十国那样的乱世，猜想她之所以不答应再嫁，主要是没有遇上合她心意的人。女人的坚贞很大程度上是因为她们在爱情上有先来后到的排他性，除非再遇上的男人比先前的优秀N倍，即使和先前那个旗鼓相当的，也难入她们的法眼。

她一心一意在坟地做可望不可即的俏梨花，不知道天下此刻已经大变，后梁被后唐灭了，李存勖建立后唐政权当上了皇帝，花见羞被刚进城的皇亲国戚李嗣源发现，李嗣源对她一见钟情，就像当初刘鄩第一眼看到她的时候一样，李嗣源的心里再也忘不掉她。

李嗣源是李存勖老爸李克用的养子，也就是说李嗣源是当朝皇帝的兄弟，是王爷。他们本来都是西域的沙陀部人，也就是今天的新疆人，容貌上有新疆人的特点。阳刚英俊的大将军兼皇亲国戚李嗣源虽然也是五十挂零的老将军了，但是，总体上来讲都比躺在坟头下面的刘鄩强无数倍。

李嗣源亲临坟地去拨动白衣飘飘的花见羞的情丝，花见羞多聪明的女子啊，一见李嗣源的来头，就知道这回这个节是守不成了，小寡妇也当不成了，如果不从，明天说不定就和刘鄩并排躺在一起了。如果从了，做这个成功男士的女人，倒也不是件坏事，按照他的说法，他的原配夫人早就去世了，目前名下的所有女人都是姬妾身份，自己进了他的家门，和那些女人同等地位，依照自己做烧饼西施积攒下的处理人际关系和社会关系经验，对付那些女人们还是不成问题的。

如果花见羞第一个遇上的是李嗣源，因为他的年龄，她大约还会犹豫一下，考虑一下，但是前面有一个刘鄩做铺垫，她已经习惯了和老男人谈情说爱，如果换一个年轻的，她还嫌人家太不成熟呢。

在亡夫的墓地和下一任男人谈情说爱，氛围和气场都别别扭扭的，花见羞主动提出，我们换个地方谈这件事吧，这是为刘鄩守墓后她第一次走出墓地。走出去之后，她成为了李嗣源的女人。

花见羞分析的没错，李嗣源府上的那些女人都是很短见的小女人，无论从容貌还是从见识和处理问题的能力上，都远远不是花见羞的对手，她自己也是女人，知道女人的弱点在哪里。当初刘鄩给她留下了不少财富，这些钱财对自己来讲都是身外之物，她经常拿出一些来送给那些女人，落下一个好人缘儿。所以，当李嗣源几乎把所有的爱都转移到她一个人身上的时候，那些过去彼此争风吃醋的女人却没人去跟她争，因为她们知道，争也争不过她，在无望的事情上消耗战斗力，还不如送个顺水人情。

李存勖的后唐皇帝宝座刚刚坐热，就开始危机四起，叛乱、政变困扰着李存勖的江山，这事儿都怨李存勖不务正业，他从来没把自己当成皇帝，而当成了文化部长，对看戏演戏的兴趣明显高于做皇上，他基本上不理朝政，被人赶下台也在情理之中，但是最悲催的是，他不仅仅是被赶下了台，甚至被砍了头，让李嗣源捞了个便宜，当上后唐第二任皇帝。

没想到二婚嫁给一个皇帝，骤然从守坟头的小寡妇质变为皇帝宠爱的女人，花见羞冷静应对眼前的一切，宠辱不惊。她已经经历过一次生离死别，对残酷的政治看得很透。李嗣源成为皇帝，当务之急是赶紧立一个皇后，左右权衡之后，他决定把花见羞当做皇后的第一人选，就找到她把自己的意图说出来。

花见羞沉吟片刻，说：我不在乎当不当皇后，这不过就是个名号，是个称呼。我们彼此相爱就足够了，我更在乎这些实际的东西。我虽然没有见过你的原配夫人夏姐姐，但是我知道她在你最困难的时候与你患难与共，她虽然过世了也不能忘记她啊。我建议先不册立皇后，追封夏姐姐做皇后，现在她生的两个儿子都是守卫边疆的将士，她的夏家亲友团都在国家重要领导岗位担任职务，如果让她做皇后，对维护国家政治稳定有利，对维持后宫和谐团结秩序有利，还让民众觉得你这个皇帝重情重义不忘旧情，对维护你的个人形象也有利。

一个女人能把问题看得这样透彻，分析的这样条理清晰，她这样有大局意识的女人并不多见，美貌和智商这样成正比的女人也不多见，难怪李嗣源那样爱她。

这条建议为李嗣源换来了良好的政治形象，他决定三年之后让花见羞坐到皇后的位置，唯有她有资本登上这个岗位，大臣们在民主推荐选票中，也有不少人推荐她，这一次，大家认为，她无论如何不会拒绝了。

没想到，花见羞想都没想就婉拒了。

她说，我就免了，还是让曹姐姐当皇后吧。

这个姓曹的女人是在花见羞之前被李嗣源收编到麾下的，她之所以推举姓曹的当皇后，一是考虑自己连个孩子都没有，当不当皇后没什么实际意义，二是她不想让自己在政治上涉足太深，女人最好离政治稍远一些，自古以来的历史经验告诉我们，一个女人，离政治越近，受伤害越深。

花见羞没做皇后，做了淑妃，放弃正职不做选择做副职，她是经过了深思熟虑的。因为没有儿子，她收养了一个宫女生的男孩李从益，当做自己的孩子悉心抚养。

曹皇后也不过过了四年皇后瘾，李嗣源就病死了，李从厚也就是唐闵帝继承皇位，曹皇后变成了皇太后，花见羞变成了皇太妃。和两任丈夫加在一起的时间也不过十年多一点，花见羞在爱情婚姻上并没有太多幸福可言。

李从厚这个软弱无能的皇帝当了四个月的皇帝，就被李嗣源养子李从珂赶跑了，在逃亡的路上最终还是被杀，李从珂当上后唐的最后一个皇帝，他就是唐废帝，也有人叫他唐末帝，不管是废帝，还是末帝，这名字都挺晦气的，

对待皇太后和皇太妃，李从珂还是很尊重的，花见羞怕的是他对自己的养子李从益下手，就提出要带着养子出家当尼姑的请求，被李从珂否决了，他表态说自己绝对不会亏待她们母子。事实上他确实遵守了自己的诺言，一直到老李家的姑爷石敬瑭在契丹人的帮助下打到宫殿，李从珂连自己的小命都保不住了，也就顾不上花见羞母子了。

作为亡国的皇帝，李从珂处理烂摊子的方式就是一死了之。他选择的死亡方式是自焚，最痛苦的一种死法。曹太后作为石敬瑭的亲丈母娘，大概觉得自己的亲姑爷颠覆大唐江山让自己无颜见江东父老，跟着李从珂一块自焚了。花见羞觉得自己没有理由陪他们去死，所有的一切都与自己没有关系，她当前的主要任务是保护好李从益，并把他抚养长大，她带着养子藏起来，躲过了一劫。

后唐虽然经历了三姓四帝，总共也不过十四年，平均每个皇帝在岗时间三年半，一群短命皇帝葬送了一个短命王朝，许多老

百姓还没搞清楚后唐是怎么回事，后唐就被后晋取代了，他们的国家最高元首变成了石敬瑭。

花见羞再次提出要出家做尼姑，石敬瑭又没有批准，毕竟她也算是他的丈母娘，也不敢对这个前朝的太妃太苛刻，石敬瑭死后，他的侄子石重贵即任，依然很尊重花见羞。但是这样的好日子并不长久，后晋总共也不过凑合坚持了十二年，就被契丹人打得落花流水，后晋河东节度使刘知远捡了个大便宜，当上了新皇帝，改国号为后汉。

这个新朝廷的新皇帝对花见羞母子就没有那么客气了，此时花见羞的养子李从益已经十七岁了，作为前朝的遗老遗少，他对刘知远明显带着敌对情绪，曾经带兵抵抗过刘知远的进攻，被残暴阴险的刘知远视为眼中钉。尽管为了保住养子的性命，花见羞亲自开城门迎接刘知远进城，但是，依然没有让刘知远动丝毫的恻隐之心。

花见羞以为自己拒绝当皇后，离政治漩涡稍远一些，就可以逃过一场场劫难，从后梁，到后唐、后晋，都顺利地在腥风血雨中躲过来了，没想到到了后汉的天下，她和养子难逃这最后一劫。她一生从来没有低三下四求过别人，这一次为了儿子，她哀求能留下十七岁的李从益的性命，含泪问刘知远：我们母子有什么罪？为什么就不能留下我儿子一条命。此时，这个前朝后宫女人的抗议显得那么无足轻重，刀起刀落之间，盛开在五代十国最美的那朵花儿永远凋谢了，她至死都不能瞑目。这个没有过高欲望的美女，不过就是想过一种普通女人的正常生活，这点儿愿望对她来讲却是奢望。生在乱世中的美丽女人，或许，美丽是她们的负担。

3　美女作家花蕊夫人的男人们

——后蜀后主孟昶的费贵妃

原来以为"花蕊夫人"是五代十国会写诗词的那位美女作家的专有笔名，经过考证，同时代原来至少有两个"花蕊夫人"，也就是说至少有两个女子拥有这个网名，一个姓费，号称费花蕊，另一个姓徐，以此类推当然就是徐花蕊了。两个"花蕊"都是不折不扣的美女，都是五代十国时代南方十国的后宫的皇妃，徐美女是前蜀开国皇帝王建的妃子，费美女是后蜀后主孟昶的贵妃。

坊间流传的会写诗词的美女作家是费花蕊，歌妓出身的贵妃，后蜀主孟昶最钟爱的一个女人。毫无疑问，费花蕊是倾国倾城的美人，否则视美女如命的后蜀主孟昶不会从妓院把她挖回皇宫，即使稀里糊涂鱼龙混珠弄进了后宫，也不会那般宠爱她，见识过诸多美人的宋太祖赵匡胤也不会把一个前朝后宫的残花败柳收编到自己的身边不停地宠幸。

"花蕊夫人"的前老公后蜀末代皇帝孟昶，他一共活了四十七岁，却在位三十一年，也就是说，十六岁就在皇帝岗位上工作了。人们对孟昶的了解，大都以为他一辈子都忙着写对联，泡妞，其实刚当上皇帝的时候，他也是新官上任三把火，认真干过几件像样的政事，比如兴修水利，注重农桑，实行"与民休息"政策，在他的努力下，后蜀的北部国境线一直扩张到长安。

一个人在任何一个岗位上工作时间太久了，都容易产生惰性，中国皇帝这个职业是终身制，又不讲究任期制，也不讲究轮岗。孟昶在这个岗位上干到十几年的时候，就已经没有了任何创新意识，他对搞政治有些疲惫了，有了浓厚的玩乐之心。

孟昶最大的业余爱好就是喜欢美女，其实老孟大小也是个皇上，有这个业余爱好也不为过，因为中国的皇上都有这个通病。关键是他把副业与主业搞颠倒了，每天的主要工作就是泡妞。因为根据地在盛产美女的四川，他广征蜀地美女以充后宫，并对美女实行量化管理，除了妃嫔之外另有十二等级。孟昶每天甘愿在宫女队里当队长，并不断创新形式搞出一些新的活动内容，他把后宫美女们统统叫到御前，进行选美大赛，拣那身材婀娜、姿容俊秀的加封位号，轮流进御，美女的品秩比朝廷的公卿士大夫都高。每个月这些美女买香粉的费用，都有人专门管理，叫做"月头"。到了给美女们发工资的时候，老孟对宫里的会计出纳不放心，怕他们克扣，就亲历亲为。几千个美女排成长队，从老孟的御床前面一一走过，由他亲自发放，这笔钱叫做"买花钱"。

六宫官职总新除，宫女安排入画图。
二十四司分六局，御前频见错相呼。

这是花蕊夫人的《宫词》之一，描述了孟昶训练宫女的场景。

本来老孟做皇上都做腻了，现在他发现，还是做皇上好，不仅仅是想喜欢哪个女人就喜欢哪个，更重要的是，想不喜欢哪个就不喜欢哪个，不喜欢了可以随手扔到一边，自然有人替你把那些弃妇处理掉，换上更年轻美丽动人的。换做普通百姓，你一辈子离上三次婚，就没有女人敢再嫁给你了。

皇宫的备用女人们多了去了，她们恨不得皇帝和皇后离婚呢。这些后宫美女的来源很广泛，除了民间的良家妇女，教坊妓院的美色也不放过，歌妓出身的费花蕊，除了拥有骄人的花容月貌，还有婉转的歌喉，并会写诗词，是真正意义上的美女加歌星加才女，任是哪个男人都难抗拒这样的女子，所以，她很快就从这几千美女中脱颖而出，并迅速成为孟昶最爱的女人。

孟昶对这个一生中最爱的美女，想赐给她一个既有诗意，又符合她形象特点的名号，想了几个晚上，也没想出个满意的，最后就很没创意地借用了前蜀皇帝王建徐妃子的花蕊夫人这个名号，自从有了孟昶的花蕊夫人，徐妃的花蕊夫人基本没人知道了。

费花蕊很有小资情调，她喜欢牡丹花和红栀子花，不仅仅是喜欢，是酷爱。好在四季常青的南方这种花儿很常见，为了配合她的这个爱好，皇宫内外种满了牡丹和栀子，栀子花必须是开红花的，赶上有棵开白花的一定要拔了去，为了博得美人一笑，发展皇宫的园林事业被列入议事日程。

仅仅是皇宫内外种植这些花花草草，显得还是重视程度不够。在孟昶看来，只要是自己喜欢的女人喜欢的，就是国家的头等大事。他下达了一个国家级文件，要求举国上下大量种植牡丹，并提出"洛阳牡丹甲天下，成都牡丹甲洛阳"的口号，在全国各地叫响。为了深入贯彻这个中心工作，他还采取了一系列行之有效的措施，譬如派人前往各地选购优良品种，在宫中开辟牡丹苑等等。

在全国上下齐心协力共同努力下，后蜀的宫廷被折腾得像个花卉市场，孟昶除与花蕊夫人日夜盘桓花下之外，还经常召集群臣举办筵席边喝酒边赏牡丹。另外红栀子花据说是道士申天师所献，普天之下只有两粒种子，它开起花来，色斑红瓣六出，清香袭人。有了爱花的美人，四川大地变成了花的海洋，走到哪里都是花，到处都在搞形象工程。中秋时节，孟昶带着后宫的女人们外出旅游看花，花丛中，女人们围着他嬉笑打闹，到处是娇媚的花，到处是如花的美女，风流皇帝乐不思归，恨不得此后的岁月就永远这样过下去。

醉生梦死的日子，天天一如既往，慢慢过着也没劲了。山珍海味，慢慢吃着也吃腻了，孟昶有段时间如同得了厌食症，看到端上来的食物就皱眉头，问御厨能不能做点儿新鲜的？

御厨压力很大，他们实在做不出新鲜的了。

谁也没想到一身文艺细胞的花蕊夫人居然对做菜还有研究，她说自己要给皇帝做两样他从来没有吃过的菜。冬天，她把净白羊头用红姜炖得烂熟，再用些黄酒，撒花椒、茴香、盐等各种味料腌制到味道入骨，再用石头把肉压得紧密成型，吃的时候用快刀切成纸一样的薄片，这道菜叫绯羊首，也叫酒骨糟，很有风味。孟昶从来没有吃过这种菜，一边吃一边夸这菜不错，御厨告诉他这是花蕊夫人做的，他更吃得津津有味了，人家吃的不是菜，是温馨的情感。

花蕊夫人创制的古川菜还有一道，叫做"月一盘"，每个月孟昶吃素的那几天，她把山药切成片，用藕粉拌匀了，加上清香扑鼻的五味，看上去洁白如雪，吃起来酥脆爽口。一个女子上得厅堂，下得厨房，进得 K 厅，写得文章，孟昶自然会对她爱得死去活来的，从那以后，眼里只剩下一个花蕊夫人，宫里别的女人都处于永远待岗状态。

孟昶做的最荒唐的事是盛夏的夜晚带着花蕊夫人到河边睡觉，当然不会像村里老百姓那样抱着张草席铺上就睡，那谱儿摆得老大了去了。

> 离宫别院绕宫城，金版轻敲合凤笙。
> 夜夜月明花树下，傍池长有按歌声。

花蕊夫人的这首《宫词》是对后宫奢靡生活的写照。

虽然并不爱惜自己的国家，但是后蜀的江山在孟昶的手上却很经摔打，十年之间没有烽火没有干戈，民间五谷丰登，举国上下一片歌舞升平景象，一种新的文体"词"在这里发展很快，成为文学形式的主流。后来有个名叫赵崇祚的四川人编了一部《花间集》，其中大多收集的是当地词作者的作品，对后世影响很大。在日日笙歌、夜夜美酒的宫廷，能随口吟诵诗词的美女作家花蕊夫人因为多了些才气，就显得更加与众不同。

就在老孟搂着美女们做美梦的时候，刚刚在中原地区上演完一幕"黄袍加身"闹剧的宋太祖赵匡胤看上后蜀这个好地方了，他派出了六万大军向蜀地进攻，宋军长驱直入。十四万守卫成都的蜀兵一见有人来攻城了，纷纷丢盔弃甲自己找自己的活路去了。

那年的春节刚刚过完，老孟的天下连同他的美女团队就被赵匡胤收编到自己的麾下。

侍卫们领了宋太祖的旨意收拾后蜀宫中的宝贝。有个人拿着孟昶每天用的小便器看不懂是什么，看这物件由七宝装成，精美无比，就当宝物拿回来交给了宋太祖。赵匡胤看到连孟昶的盛屎尿的家什都是这样装饰，就感叹说："撒尿都要用七宝装成，吃饭盛放粮食该用什么物件呢？这样奢靡哪有不亡的道理啊？砸了它吧。"

　　孟昶的尿壶砸了，孟昶宫中的美女却不能一砸了之。早就听说老孟有个叫做花蕊夫人的妃子，艳绝尘寰，才情过人，既然端了孟昶的老窝，那个传说中的美女想必也跑不了。侍卫从几千美女中好不容易把花蕊夫人挑拣出来，在春意料峭的季节，孟昶、花蕊夫人等一行三十三人被押赴汴梁。

　　回到大宋的京城，侍卫把花蕊夫人送到赵匡胤跟前，据说老赵第一次知道了什么叫勾魂摄魄，那如云乌发、冰肌玉骨、芙蓉俏面、纤纤素手哪里是他后宫佳丽可以比拟的。此时作为亡国之妃，花蕊夫人神色黯然，脸色也有些苍白，却掩不住四射的魅力。

　　赵匡胤说："听说你在蜀中时曾作过宫词百首，能不能也给我吟诗一首？"

　　花蕊夫人此时此刻心绪应当是很复杂的。孟昶刚刚暴疾而终，说是突然病死的，其实每个人心里都明镜似的，一个女人家如果不听命这个君王的摆布，等待自己的将是什么下场也明摆着呢。花蕊夫人毕竟是一介女流，她大概不想做为国捐躯的烈女，或者说不屑于为孟昶的江山坚守什么，所以沉吟片刻，就吟诵了这样一首词：初离蜀道心将碎，离恨绵绵，春日如年，马上时时闻杜鹃。三千宫女皆花貌，共斗婵娟，髻学朝天，今日谁知是谶言。

　　吟诵完毕，她用一口婉转的四川话告诉赵匡胤，这首词是当日离开蜀国，途经葭萌关时写在驿站的墙壁上的。她不无忧伤地回顾：当年蜀主孟昶亲谱"万里朝天曲"，她合着节拍歌舞，举国上下都盲目地高歌曲子高呼口号，以为真正实现了国泰民安，特别是宫里的女人，追赶时尚梳着朝天的高髻到皇上跟前邀宠，大家没有忧患意识啊，哪知道这"万里朝天"的谶言，却是来朝拜你这大宋的君主啊。

宋太祖赵匡胤说："难得你一个女人家能看透这些事情。再作首新的吧。"

作为给赵匡胤的见面礼，花蕊夫人吟诵出了那首流传后世的《述亡国诗》：

> 君王城上树降旗，妾在深宫哪得知。
>
> 十四万人齐解甲，更无一个是男儿。

这首诗满怀亡国之恨和对故国的思恋，诗中所表达的情感哪是一个纤弱女子所能承受的。诗句从这个娇弱的女子口中吟诵出来，更显得凄凉和无奈，也更激起怜香惜玉的宋太祖对她的爱慕之心。

花蕊夫人从此进入赵匡胤的后宫，成为他最宠爱的女人。不久前还在孟昶怀里撒娇，此时却陪在赵匡胤枕席边。

毕竟与老孟做了多年的夫妻，感情总还是有的，所以花蕊夫人就在自己的卧室偷偷挂上了前老公孟昶的画像，点上香烛叩头礼拜，从这一点来看，这个女人还算得上是有情有意的。

赵匡胤那位野心勃勃的弟弟赵光义据说也很喜欢花蕊夫人，看赵匡胤那样宠爱她万分嫉妒，明知自己沾不上边，还要眼巴巴看着别人享受，那个醋劲儿，痛苦啊。一次打猎时，赵光义趁着混乱放箭故意把自己暗恋的这个女人射死了。既然自己得不到，那么谁也别想得到。这就是后来成为宋太宗的赵光义的性格。

历史上把花蕊夫人列为了才女，事实上这个女人也的确是一个实实在在的美女作家，世传《花蕊夫人宫词》一百多首，确实可考的就有九十多首，其中的《述亡国诗》一直受到历朝历代的各路人等称道。

致力于豪迈诗词的北宋文人苏东坡，曾经用不同于他以往风格的绚丽文字为花蕊夫人写过一首《洞仙歌》词：

> 冰肌玉骨，自清凉无汗。水殿风来暗香满。绣帘开，一点明月窥人。人未寝，敧枕钗横鬓乱。起来携素手，庭户无声，时见疏星度河汉。试问夜如何？夜已三更，金波淡，玉绳低转。但屈指，西风几时来？又不道，流年暗中偷换。

在这首词中，苏东坡一改过去写羽扇纶巾的风流人物和挽弓如满月的壮士的豪放，以及举杯邀明月的诗人和乘风破浪的渔夫的旷达，用优美的词句描述了一位冰清玉洁的绝世美人的形象。

这个美丽、聪慧、大气、狡黠的女人以她自己的生存理念和人生态度从后蜀的宫廷、大宋的宫廷匆匆走过。或许她是一个很女人的女人，她的才情只是美丽的附庸，所有所有的男人之所以喜欢她，并不是因为她会写诗作词，而是因为她美丽。

4 南唐绝世美后的美丽与忧伤
——南唐后主李煜的皇后周娥皇

南唐后主李煜一生最痴迷两件事：写诗词、泡美妞。据说他的生日恰好是中国农历七月七。传说中，七夕出生的人一般都比较重情，他不但生在七夕，也死在七夕，按照这种说法，应当比一般人更多情，李煜用他的人生简历验证了这个说法不无道理。

他一生喜欢过无数美女，最爱的是他的第一任皇后大周后周娥皇，其次是第二任皇后小周后，这两个周后是一对亲姐妹。

周娥皇本名究竟是不是叫娥皇，现在实在没人能给出准确答案了。她是南唐的"官二代"，老爸周宗曾经当过省部级干部。一个有文化的高官，给大女儿起名叫娥皇，二女儿叫女英，完全抄袭远古传说中尧的两个女儿的名字，不会这样没创意吧？即使名字抄袭得一字不差，两个女儿的人生经历居然也抄袭了尧的两个女儿，人家是姐妹俩同时嫁给舜做妃子，她们这对姐妹花都爱上了李煜，先后做了他的皇后。如果是文学作品，这样抄袭一准死定了，名字和人生的抄袭，却没人举报，甚至还被人们津津乐道，男人们艳羡的是李煜的艳福，女人们嫉妒的是两姐妹和李煜之间的爱情。

后来有人说周宗二女儿的真实姓名是周嘉敏，这就说明人家周老爸没有完全抄袭尧的两个女儿的名字，在抄袭的基础上有所创新。

毫无疑问，李煜不是一个好官员，不说做中央一把手，就是当个七品芝麻官，他也照样把一个县治理的一团糟。虽然他天生不是做官的材料，但是，他肯定是一个有品位的艺术家。

其实治理不好一个国家也不怪李煜，当初他老爸李璟在任的时候，从来没想过让他接自己的班，按照皇爷爷李昪的愿望，李璟死后皇位应该传给李煜的叔叔李景遂，即使不传给李景遂，李煜上面还有哥哥李弘冀，所以，他从来没把心思放在当官上，而是一心一意想搞点儿专业。他踏踏实实练书法，做文学青年的时候，李弘冀和李景遂为了皇位明争暗斗，最后，李弘冀让叔叔李景遂在人间蒸发了，消灭了这个强大对手，觉得自己应当胜券在握，老爸却不给他机会，死皮赖脸地活着，他没有熬到老爸让出皇位，就率先归西了，很短的时间内，老李家所有有点儿政治头脑的男人，差不多死绝了，实在没有办法了，李家再也找不到别的什么人可以做皇帝了，才无奈地把皇位传给了李煜，李煜也是无可奈何地接手了自己并不热爱的这项工作。

李煜上任后，确实利用职务之便给自己搜罗了不少美女充实到后宫，不过周娥皇还真不是他强买强卖自己找来的，而是老爸李璟送给他的小礼品。

出身官宦人家的周娥皇，从小就接受了良好的教育，不单单是琴棋诗画，她接受教育的内容还多了一项歌舞训练，中央政府最高长官大司徒周宗发现，他美貌的大女儿天生是做演员的材料，歌喉婉转柔美，跳舞如风摆杨柳，特别是弹起琵琶，琴声悠扬，一般训练有素的琴师都难做到，而最重要的是她弹琵琶的姿态，伴随着轻柔的音乐，线条优美，古典优雅，静美脱俗，不懂音乐的人，但看她怀抱琵琶美轮美奂的姿态，就都是美的享受。

周宗把女儿训练的多才多艺，是有长远打算的。美丽的女儿不能仅仅做花瓶，只有多掌握一些征服男人的技艺，才能嫁的更好一些。他倒是没有野心让女儿当皇后，他的理想无非是想培养一个合格的高级官太太。周娥皇是个乖巧懂事的女孩，她的乖巧懂事体现在一切按照老爸设定的目标发展，不但才艺上是这样，容貌上也是朝着越来越靓丽的方向努力，当这个女孩子长成十多岁的少女时，各方面已经相当优秀了。

周娥皇弹琵琶的水平在南唐可没人能比，最终惊动了中央领导李璟。

这个能写出"小楼吹彻玉笙寒"绝美词句的文人皇帝，喜欢饮宴赋诗，他的宴席上少不得搞音乐舞蹈的的艺术家弹奏歌舞，因为懂得文化，所以李璟不像别的皇帝那样好敷衍，他必须要高水平的艺术家来献艺。特别是那次的宴会规格更是不一般，那是李璟的寿宴，能参加宴会演出的人员，一要技艺高超，必须是高级别的艺术高手，二要政治过硬，必须政审过关，也就是说必须德艺双馨，一般的教坊歌女不适合在这种场合露面，应当找个良家妇女比较合适。

有人知道大司徒周宗家有个女儿琵琶弹得全国一流，就举荐她到皇宫表演，起初周宗还遮遮掩掩的，他本心是不想让女儿到皇宫抛头露面的，天天出入宫殿，见过无数宫女的凄苦命运，他不想让女儿加入到宫女的行列，其实他最怕的是如果女儿进宫演奏，老爸级别的李璟万一看上她，要留下她充斥后宫，怎么办？

皇帝的命令不敢违抗，既然是他下令召周娥皇进宫弹琵琶，就必须按时进宫。

周娥皇一袭飘逸长裙，一抹薄纱轻挂臂弯，婷婷袅袅走进皇宫，走进皇帝的宫殿。她落落大方，不像那些没见过世面的歌女舞女，见了中央领导就吓得像只瑟瑟发抖的小猫儿。悠然坐在为她备好的高脚凳上，一条腿轻轻搭在另一条腿上，坐出一个柔美的曲线，乐声从她修长的指间滑落，在空间悠扬地响起，美不胜收的音乐和美色，让李璟如醉如痴。当时，南唐宫中有一件一级国宝"烧槽琵琶"，是李璟最喜欢的宝物，平时别人碰也不能碰一下。李璟让人马上把那件宝贝取来，一高兴就赏赐给了周娥皇，他觉得只有她才配用这样好的乐器。

实话实说，李璟宫里确实没有这种尤物，他也有些动了心思把这个女孩子留下来做自己后宫的女人，但是，这个女孩子是自己的直接手下周宗的女儿，以自己的年岁，老牛吃嫩草找别人家的小姑娘自然是没人敢抗命，如果把周宗的妙龄女儿搞到身边，说不定会影响安定团结的政治局面，造成君臣之间的不和谐。可是这样优秀的女子不能留在皇宫，实在是资源流失。

李璟偶然回眸，看到坐在一边的六儿子李煜看周娥皇的眼神儿满含爱意，他暗自有了主意：李煜和这个女孩看起来是天生的一对儿，一个写得一手好诗词，一个弹得一手好曲儿，琴瑟相合，年岁相当，天生绝配。

宴席之后，李璟把周宗宣来，问他周娥皇的年岁，周宗心里就开始紧张，以为李璟想把女儿搞到他身边当宫女，等听明白是准备给李煜当王妃，心情一下子就放松了。这个结局是他求之不得的，他拼命培养女儿，就是想让她嫁得好一些，他设想的最高目标不过是门当户对的高官家的少爷，没想到一下子钓到个金龟婿，皇上想让她去当儿媳妇，这远远超出了他的期望值，他没有理由不答应，没有理由不毫不迟疑地立即答应。

回家他把喜讯告诉女儿，周娥皇并没有欣喜若狂，她不知道李煜长什么样儿，那天皇宫的宴会上都是别人看自己，自己根本没有看清楚任何人的模样，甚至，连皇上究竟什么模样她慌慌张张都没看清，更不用说皇上的儿子了。

周宗说李煜比她还小一岁，英俊文弱儒雅的一个少年。

周娥皇心里默默猜想着那个少年皇子的容颜，他会是个什么样的人儿？他会很爱自己吗？周娥皇还从来没有对现实中的哪个男孩子动过心，尽管她渴望爱情，却不想把美好的爱情随便送给哪个男人。

没有任何恋爱的过程，周娥皇就成了李煜的女人。她心事重重，带着好奇和渴望，第一次见到已经走入洞房的那个男人，心里忽地就踏实了：是的，梦想中的白马王子就是他，就是这个样子，就是这样的气质，这样的俊朗儒雅。

倘若穿越到现在，这个名叫李煜的气质男说不定鼻子上还要架上副无边近视镜，一个完全的牛奶小资小男生，或者很夺人眼球的高帅富形象。

周娥皇告诉自己：OK，这辈子就是他了，不论他当上皇帝，还是混为草民，我跟定他了，他就是照我梦中情人的样子定制的，命运既然这样惠顾厚爱我，我今生必须好好爱他。

在爱情奇缺的古代，李煜和周娥皇很奢侈地享受着婚内爱情。

对这个绝世佳人，李煜曾经用心爱过，他早年间写的《浣溪沙》，把真挚的爱恋之情记录了下来：

> 红日已高三丈透，金炉次第添香兽，红锦地衣随步皱。佳人舞点金钗溜，酒恶时拈花蕊嗅，别殿遥闻箫鼓奏。

从李煜笔下，读出周娥皇的美是那种香艳迷人，有女人味的妩媚，最能释解这个说法的还有《一斛珠》：

> 晓妆初过，沈檀轻注些儿个，向人微露丁香颗，一曲清歌，暂引樱桃破。罗袖裛残殷色可。杯深旋被香醪涴，绣床斜凭娇无力，烂嚼红茸，笑向檀郎唾。

周娥皇是那个时代最时尚的女子，她喜欢梳妆打扮，风情万种，会讨李煜欢心，"烂嚼红茸，笑向檀郎唾"，这调情的方式很奇特，李煜在这种美女面前，不得不缴械投降。

一对小夫妻恩恩爱爱，把小日子过得充满文化韵味。他们两个人各方面的才艺水平，都是南唐最高的，基本上把南唐文化部、文联、作协这些国家省部级部的工作都包揽到了他们家。他们合作做的最辉煌的一件事，就是挖掘古文化遗产，把盛唐失传的《霓裳羽衣曲》重新修整挖掘，让古曲重见天日。

《霓裳羽衣曲》是唐玄宗李隆基亲自作曲的音乐作品，写这首曲子的时候，已经步入"开元盛世"的大唐帝国开始走上健康发展轨道，人到中年的李隆基心情也渐入佳境，有了闲心到女儿山观光旅游，有了情绪做悠闲的神仙梦。这位多才多艺的皇上，做梦都能干成一件大事，他居然根据梦中的仙乐奏曲，结合着西域传过来的《婆罗门曲》，谱成了举世著名的《霓裳羽衣曲》，这大约是公元718～720年间的事。

皇上亲自谱成的乐曲，全国上下争相传唱，一时间在大唐帝国掀起一股奏《霓裳羽衣曲》、跳《霓裳羽衣舞》的热潮，大江南北，宫廷内外，到处歌舞升平，歌女们如果谁跳不好《霓裳羽衣舞》，基本上就要被淘汰掉了。地球人都知道跳《霓裳羽衣舞》最出色的是李隆基的前儿媳杨玉环，但是那首著名的曲子刚谱成的时候，杨玉环还没出生，她成长的整个过程中，这首曲子一直是大唐帝国的主打音乐，长大后走进了皇宫的杨玉环，要讨得中央领导自己的公爹高兴，当然首要任务就是跳好《霓裳羽衣舞》，也正是因为跳得太出色了，才被公爹相中，由儿媳妇变更为自己的女人。

这首乐曲随着安史之乱中杨玉环的被自杀，再也没人敢在李隆基耳边奏响这伤心的曲子，从此《霓裳羽衣曲》在世间销声匿迹。

到李煜想起这首曲子的时候，历史已经走过了二百多年，厚厚的历史风尘把那首曾经风靡天下的曲子完全淹没了，即使有残缺的片段，也续不成一首完整的乐曲。李煜却忽发奇想，要周娥皇配合他把乐曲挖掘复制出来。

这项工作进行的很艰难，曲子失传了，只能从民间寻找丝丝缕缕的线索和记忆，再捋着那残缺不全断断续续的残曲，修修补补，补缀成一首完整的曲子。周娥皇沉浸在自己热爱的事业中，世界上最幸福的女人就是有自己喜欢的男人爱着，有自己喜欢的事情干着，毫无疑问，周娥皇是南唐最最幸福的女人，那个时段李煜深爱着她，她可以全力以赴潜心研究自己热爱的音乐舞蹈，有这样好的条件，想不出成绩都办不到，她和李煜联手把《霓裳羽衣曲》去伪存真地修补成完整的曲子，周娥皇用琵琶完整地弹奏下来，天宝之音得重现人间，当时最牛的乐师都为之折服惊叹，周娥皇音乐方面的才能天下无双。

唐朝音乐的原谱曲子是舒缓的旋律，她大胆地改为急促的旋律，她修改过的音乐在激昂中戛然而止，对这个创新，比较迷信的朝中乐师曹生说：这样改谱儿，虽然很有特点，但是恐怕不是吉兆。后来的事实不幸被曹乐师言中，这是后话。

李煜和周娥皇的爱情有一个致命的硬伤，周娥皇这个南唐最幸福的女人并不是李煜唯一的女人，她只是李煜最爱的女人，和她秀恩爱的同时，天性风流的李煜绝对不可能从一而终，他利用自己的皇子身份，也为自己搜罗了一大群美色。他身边的其他女人，未必比周娥皇美丽，未必比她多才多艺，但是男人需要的是猎奇，需要通过征服女人来显示自己的能力，甚至，他还把周娥皇的妹妹发展成了自己的地下情人。当今天有些女人不明就里地热羡古代爱情的时候，她们根本没搞懂古代爱情究竟是怎么回事，说穿了，古代爱情就是男人的爱情，作为女人，你能够被爱情就已经不错了，当一个男人在拥有了三妻四妾之后，还能把你当做他爱情的重点，这就是古代最感人的爱情。

周娥皇的幸福爱情，放到今天，任何一个女人都不会感觉到幸福，十个女人有八个会在很短的时间内迅速和李煜离婚，谁愿意和 N 个女人共一个丈夫啊。

周娥皇能把李煜的大部分感情和精力吸引到自己这边来，在那个时代，已经属于相当成功的女性了。因为艺术家的心理是相同的，她太了解李煜了，他们不但是夫妻关系，还是艺术上的知音和知己。

李煜和周娥皇专心致志玩艺术的时候，并没有更高的欲望，他们踏踏实实做一些文化上的事情，当最终李璟别无选择地把皇位交给李煜的时候，还深深沉浸在浓郁文化浸染中的李煜夫妇诚惶诚恐，他们还从来没有想过怎样当好皇帝和皇后，那年李煜二十五岁，周娥皇二十六岁，他们恋恋不舍放下琴棋诗画，懵懵懂懂坐上宝座，一切恍然若梦。

周娥皇成为李煜的皇后，也成为李煜其他女人羡慕嫉妒恨的对象，那些嫔妃们气不忿儿，天下的好事怎么都是她一个人的啊，她美丽高雅，琴棋书画样样精通，还是琵琶高手、跳舞高手、围棋高手。她不光美貌有才，还会生儿子，一口气为李煜生了两个活泼可爱的小儿子，他们的小儿子李仲宣就是周娥皇刚刚当上皇后那年出生的，这个孩子聪明、活泼、可爱，后来几乎成为了周娥皇的全部精神寄托。

其实，天下的好事并不都是她周娥皇一个人的，她也有失意的时候，特别是后来她感觉到了李煜对她的感情有了变化，横刀夺爱的那个女人恰好是她的亲妹妹，她有苦难言，抑郁成病，身体越来越差，她不敢再照镜子，不愿面对自己憔悴的容颜。只有小儿子李仲宣在自己面前欢蹦乱跳的时候，周娥皇才能露出一丝笑颜。虽然李煜也经常过来看她，有时候甚至亲自尝药之后才喂她吃，但是，周娥皇知道，李煜的心已经被妹妹占去了，她现在不过是他的皇后，已经不是他最爱的女人了。

真正让周娥皇失去活下去勇气的是小儿子李仲宣的死，四岁的小儿子突然得暴病死去，她难以承受这个打击，那年初冬，在瑶光殿的西室，二十九岁的周娥皇带着不舍离开人世，临死，她告诉李煜：她的葬礼不可奢侈，现在国家不富裕，薄葬就可以了，但是，一定要给她带上她的烧槽琵琶陪葬。

她的生命，就像她修改的那曲《霓裳羽衣曲》的结尾，在激昂中戛然而止，她带着她最喜欢的烧槽琵琶上路了，去到另一个世界完成她的音乐之梦。

失去了周娥皇，李煜才发现，自己一生最珍贵的东西已经失去了，再也找寻不回来了，他写了一篇悲悲切切的祭文《挽辞》：

珠碎眼前珍，花雕世外春，未销心里恨，又失掌中身。玉筝犹残药，香奁已染尘。前哀将后感，无泪可沾巾。艳质同芳树，浮危道略同。正悲春落实，又苦雨伤丛。秾丽今何在？飘零事已空。沉沉无问处，千载谢东风。

可是，再凄婉哀伤的文字，也唤不回他的周娥皇了。飘零事已空，随风飘零的不仅仅是千古红颜周娥皇，还有李煜的江山，十年之后，风雨飘摇的南朝政权也沉沉无问处了，这已经是周娥皇身后之事，一切都与她无关了。

5 赌我一生　做他的新娘
——后周太祖郭威的皇后柴守玉

后唐第一代皇帝唐庄宗李存勖虽然皇位并不牢固坚挺，但是，要是悉数中国历史上最荒淫无度的帝王，他还排不上号儿，不过，他是历代帝王中的第一大戏迷，第一大票友，要论泡妞儿，他天分并不高。实话实说，他对女人并不是非常非常感兴趣，一是他先前已经娶了个世间少有的醋坛子刘玉娘，她吃醋的水平很高，敢明目张胆把庄宗喜欢的女人当着他的面儿送给别人，二是因为大部分业余或者不业余的时间都在当票友上，精力有限，顾不上和美女搭讪。

李存勖身边的工作人员看不得后宫空空荡荡，他们觉得这是中央首长应当享受的待遇，想当初唐朝后宫有一万多宫女供领导消费，现在搞几千个不为过吧，于是他们想方设法替领导排忧解难，深入到全国各地广选天下美女。海选通知一下达到基层，民间的美女们就都藏起来了，下派的官员为了完成任务，其实就是明抢，看到谁家女孩子长得漂亮，进门就抢，一次性抢来三千多人，邢州美女柴守玉就是被这样抢来的。

十六岁的柴守玉不是穷人家的孩子，她祖上也是做官的，曾经在太原生活过若干代，为了躲避战乱，柴守玉的老爸带着家眷回到祖籍邢州尧山柴家庄，城里长大的女孩儿柴守玉和乡下的女子明显不一样，她举止高雅，气质上不同于当地土生土长的女孩子，所以一眼就被选宫女的官员相中了。

柴守玉和其他被抢来的女孩子一起集合在魏州的东京兴唐府，也就是现在的河北大名县，然后一起往洛阳运送。五代十国交通运输工具还很原始，先用马车运走了一小批，但是，大批都积压在兴唐府，女孩子们哭哭啼啼的，嘤嘤嗡嗡的哭泣声惊天动地，搞得当地居民们烦心透了，押解的后唐警察也觉得长此以往不是事，就雇佣了大量牛车运送剩下的女子。二千多女子坐在浩浩荡荡望也望不到头的牛车上，绝对是一道绝无仅有的风景。柴守玉挤在女孩子中间，暗自思忖，如果现在逃跑，应当还来得及吧，都说一入宫门深似海，走进去也许终生都出不来了。

有比她还胆大的率先准备逃跑，却没有一个能逃脱，最终都被抓了回来，柴守玉知道，凭着自己的能力，无论如何也难以逃脱，即使逃跑成功，在这远离故乡的地方，身无分文，也难保证自身安全，还不如听天由命。

她听天由命地随着押解队伍缓慢地向洛阳进发，等牛车队伍走到洛阳，那些如花似玉的美貌女子个个风尘仆仆，憔悴不堪，已经看不出曾经的花容月貌了。这些女子如果凭着这个样子呈给皇上看，没一个能被皇上相中，说不定还会臭骂办事的人没有审美观，费了半天劲就找了这样一群蓬头垢面脏兮兮的小女子。对这些新挑选来的女子，首先是好好休整一段时间，等恢复的差不多了，再进行集训，再从她们里面挑选最顺溜的给皇帝送过去。

数千女子，一人一天也需要几年的时间，才能轮过一遭，更何况李存勖对宫女们兴趣不大，很少能想起她们来。柴守玉安安静静做她的宫女，她知道这辈子想从皇帝那里取得名分是怎样的奢望，或许未来的岁月，她只能在寂寞深宫就这样默默打发掉自己的青春年华。

李存勖当上皇帝不过四年的时间，就被人专政了，可悲的是他连命都没保住。后宫里选来的美女们大多数还没来得及享用，但是，都列在他的名下，就如同一个女人领了结婚证，虽然没办婚礼，再嫁人也是二婚了。新上任的皇帝李嗣源，是个做事低调的人，对前任留下的二手宫女们没兴趣，他上任后让人给年轻美丽的宫女每人发了一笔安家费，立即就把她们遣散回家了，年老色衰的出去也难嫁人了，就留下来，做勤杂工，在宫里搞搞卫生什么的。柴守玉也属于遣散人员，她得到一笔很丰厚的安家费，走出了宫门。

作为褪尽铅华的退役宫女，柴守玉那年还不到二十岁。她提前让人给家里捎去信，让他们到黄河岸边等着接自己。那个夏日的清晨，她走出宫门的瞬间，骤然感觉到，这一道门内外，简直就是两重天，在里面战战兢兢小心翼翼的活着，时刻要有竞争意识，眼前的每一个姐妹，既是战友，又是竞争对手，当她们走出皇宫的大门，突然又变得恋恋不舍，眼泪汪汪地说再见，其实她们知道，这辈子再也不会见到了，她们将各奔东西去过互不相干的日子，她们不再是彼此的竞争对象了。

习惯了禁闭的生活，突然自由了柴守玉还有些不适应，她按照路人的指引，向着黄河岸边进发，她的老爸老妈和哥哥等在那里接应她，已经三年多没有见过他们了，在宫里的时候天天靠想念他们打发时光，现在马上就能见到他们了，思念变成了渴望马上见到亲人的急切。她甚至怀疑送信的是否把信捎到了，此时家人会在黄河岸边等着自己吗？

　　他们在等，他们确实在那儿翘首盼望着从皇宫全须全尾走出来的柴守玉，他们的想象中，柴守玉在寂寞的皇宫一定过的是地狱般的生活。天色将晚，阴雨蒙蒙，柴家人站在黄河岸边等着他们的亲人，过尽千人皆不是，终于等来匆匆行进在风雨中的柴守玉，她的形象比家人想象的要好得多，他们发现当初从家里被抢走的小妞儿，现在出落的更加俊美了。

　　亲人相见，免不了抱头痛哭，免不了嘘寒问暖，这套程序是绝对不能省略的，即使风雨再大，也要完成了这些必须的程序之后，再去找寻住宿的地方。

　　黄河岸边的路边旅馆没有高档的，都是临时供过路的旅客歇脚用的，简陋但实用，躲避风雨还是没问题的。一家人住了进去，准备等雨停了，再上路回家。那一场雨下了两天两夜，一直没有停下来，因为一家人已经聚在了一起，柴守玉和父母兄长并没有因为阴雨天气产生焦虑情绪，他们坐在客栈厅堂，用这难得的空闲，把积攒了几年的话一口气都说透了，柴守玉问到了嫂子，问到了她的小侄子，她离开的时候，小侄子柴荣已经两岁多了，她特别喜欢疼爱这个孩子。

　　郭威就是在他们守着窗儿说话的当口，顶着一身风雨闯进客栈的，他一身戎装，身材魁梧高大，二十挂零儿的样子，一张嘴，却是一口的邢州尧山家乡话，这熟悉的乡音让柴守玉无意中多看了他两眼。郭威一进客栈也听到柴守玉在用一口乡音聊天，于是也忍不住往这边看了看，顿时被眼前的美女电晕了，他长到二十二岁，第一次见到这样完美无暇的美色，他暗想，家乡原来还有这样的美妞？恰好那个女子也在看他，眸光碰撞的刹那，柴守玉感觉，这个男子身上有一种与众不同的气场，让她有了怦然心动的感觉，这是她有生以来第一次对男人有了爱意。

倒是郭威被女孩子看得不好意思了，收回目光走进自己的客房。

古代女人讲究矜持，如果长久地把目光放在一个男人身上，就会有女色狼的嫌疑。店主见貌似大家闺秀的柴守玉不住地盯着郭威看，就告诉她，这个男子也是邢州尧山人，是他们的老乡，名叫郭威，是骑兵将官，外号叫郭雀儿。他的外号比名字响亮，熟悉他的人都叫他郭雀儿。

老爸老妈和哥哥见柴守玉对一个陌生男人很感兴趣，左打听右打听的，都感觉有失女儿家的尊严。哥哥说：老妹，一个陌生男人，管人家是干嘛的呢，跟咱们没关系。

从皇宫混出来的柴守玉自我感觉是见过大世面的女人，虽然在皇宫没见过几次皇上，但是省部级干部还是见过不少的，凭着她的见识，认定刚才那位外号叫郭雀儿的老乡将来一定有大出息，她悄悄让店主帮她打听打听郭雀儿娶媳妇了没有。

店主说用不着打听，哪家女儿肯嫁给他呀，这哥们儿从小就是孤儿，房无一间地无一垄的，一个人吃饱了全家不饿，整天像只小雀自由自在的，要不怎么人们都叫他郭雀儿呢。

对郭威的情况，店主只说了一半，没敢把不好的那一半说出来。因为从小缺乏必要的约束和管理，郭威个性张扬，无拘无束，喝大酒，耍小钱，甚至醉酒之后还杀过人，虽然杀的是街市上卖肉的街霸，可是，毕竟犯过刑事案件，算是有前科的人。店主有意把那些隐瞒了，主要是感觉眼前这个看上去像富家小姐的女子似乎对郭威有些意思，说不定这个女子缺根弦，主动想着嫁给他呢。

没想到柴守玉还真是这个意思。

老妈一听，马上就提出反对意见：孩子，你是不是在皇宫呆傻了，嫁谁也不能嫁给他呀，不管怎么说，你曾经是皇上的女人，怎么能降价把自己处理掉啊。

老爸说：要嫁人也得嫁个地位高一点的啊。

柴守玉问什么样的人算是地位高的？

哥哥想了半天，才使劲说出州官，在他们心目中，州官的地位已经很高了。

柴守玉说我还真没把州官当碟菜，这个人将来一定比州官更有出息，相信我，没错的，我已经决定了，就嫁给他。

店主自告奋勇当这个媒人，这个媒毫无悬念地一说就成了。

尽管柴老爸左看右看都没看出郭威哪个地方有过人之处，哪儿写着个前途无量，但是，鉴于女儿哭着喊着要做人家的老婆，也就点头答应了，他悄声告诉柴守玉，现在后悔还来得及。

柴守玉说她不后悔。她把自己从皇宫带出来的安家费分成两份儿，一份让家里人带回家贴补家用，一份留给自己作为将来和郭威过日子的启动资金。

一家人刚刚见面，又要分手，老妈脸上的泪水无声流淌，把女儿交给这个看上去有些不靠谱的男人，比当初女儿被抢进皇宫的时候还让她闹心。到了皇宫还有望弄个皇妃什么的，现在跟了这个人未来会怎么样还是个未知数，没准连饭都吃不上呢。她暗自祈祷，这雨最好永远这么不停地下下去，他们就不会分开了。

没等到雨完全停下来，柴守玉义无返顾地跟着郭威走了。她最终也没过黄河，而是直接返回去又跟着郭威回到洛阳。他们携手而去，这突然的邂逅，应该算是一见钟情吧，分析柴守玉这种女追男，富追穷，不按套路出牌的反传统爱情模式，莫非她真的像传说中那样邪乎，有洞穿世事预测未来的神奇魔力？其实她未必看出了郭威是个潜力股，将来有希望成大事，我更愿意相信她无非是想找个借口留在大都市洛阳，不愿再回那个闭塞的小村庄。毕竟，洛阳是首都，发展机会要多一些。眼看就要过黄河了，能留下来的机会越来越少了，她只能抓住眼前这个机会，先嫁到洛阳，总比做京漂儿好一些，再说那时候的女孩子也没办法打工做京漂，嫁人是唯一的出路。

实际上，她的选择风险性很大。

好男人都是女人调教出来的，柴守玉把培养教育老公当做婚后的第一要务，她给他办了一个人的成人教育培训班，好在郭威小时候读过两年书，算是有基础的人，经过了柴守玉的调教，进步很快。衣食无忧，还有美女做老婆兼做家庭教育，悟性很强的郭威一年的时间内完全变了一个人，他的匪气被隐遁起来，多了些深沉和内敛。柴守玉毕竟在皇宫住过三四年，她讲的道理都是中央级水平的，一下子就让过去在街市上乱混的草根级见识的郭威的政治水平提升到一个新层次，郭威的理想也从做个连长营长的，被熏陶到做将军，做高级领导。

静下来细细思量的时候，郭威也觉得自己确实不能仅仅把理想和目标定位在连长营长的层次上，现在自己娶的是前任皇上的女人，尽管没怎么陪皇上进过寝，可是对外也是宫里出来的，要想配得上人家，只有让自己不断进步。

郭威有柴守玉这个高参的指导，在事业上果然进步很快，他参加石敬瑭的军队，投靠张彦泽，再辗转到杨光远麾下，当他最后投奔河东节度使刘知远的时候，已经是一个很有远见，非常有魄力的大将，他为刘知远夺取政权建立后汉立下汗马功劳，成为新一任政府炙手可热的大人物，此时的郭威已经不是鲁莽的蛮夫俗子，而是儒雅的高级将领。郭威的每一步成长，柴守玉都付出了辛苦。

美丽多才，御夫有术的大女人柴守玉上得厅堂下得厨房，哪样都好，就是结婚多年一直没有孩子，无论如何，对于女人这是天大的遗憾，不仅仅是遗憾，其实就是缺憾。她不得不做通哥哥的工作，把她最喜欢的小侄子柴荣带在身边做养子，所以她也算是相夫教子，在细心培养老公的同时，精心教育孩子，她一生最大的成就，就是不但把一个根本不可能当皇上的男人培养成了气度恢弘的帝王，还把一个从偏远乡村走出来的拖着长长鼻涕的小屁孩教育成优秀皇帝，仅凭这一点，柴守玉就是历史上最成功的女人。

柴守玉没有看到郭威登上皇帝宝座就死去了，关于她的死，有两种说法，一种说法是她操劳过度积劳成疾，得病去世。还有一种说法更悲惨，说刘知远的儿子刘承祐继承皇位后，听信谗言大杀功臣，郭威当时正在边疆驻守，留在京城军队大院的家属们一个不留地全部被杀光了，其中也包括柴守玉。虽然郭威已经出人头地了，她却终究没有摆脱悲剧的命运。

郭威是个有情有意的人，当他终于当上皇帝，一直记着扶他走上皇位的原配夫人柴守玉，他追册她为皇后，而且这是他唯一的一个皇后，从此再也没有册立过其他皇后，最后，把皇位传给了与自己没有丝毫血缘关系的内侄柴荣。

建立了后周政权的郭威从来没有忘记柴守玉当初对他的教导，他是五代十国少有的好皇帝，他统治的时代，国力逐渐强盛，他永远记着老婆的话：你是草民出身，不管做到多大官，都不能奢侈腐化，厚自奉养，贻害百姓。

 # 6 谁的女人　谁的皇后
——后周世宗柴荣的大符皇后

　　五代名将符彦卿能在历史上留下名声，不是因为他做过五代历朝的大将军，而是因为他曾经有三个女儿做过皇后，他当过两朝皇帝的老丈人，一个女儿死去，另一个女儿接续上，一个朝代灭亡了，另一个朝代的皇帝还是他的姑爷。拥有一群如花似玉的女儿，成为了他的骄傲。

　　符彦卿至少有六个女儿，早年间，他曾为这群小丫头片子苦恼过。他的爷爷和老爸都是历届政权的高级军官。老爸符存审是后唐太祖李克用的养子，李克用一共有十三个义子，号称十三太保，符存审是九太保，也就是说后唐庄宗李存勖和明宗李嗣源都是符彦卿的大爷。有着如此显赫背景的军二代官二代符彦卿，盼着自己多生养几个儿子，将来继承自己的事业。虽然他的大小妻妾也为他生了几个儿子，但是女儿的数量还是占绝对优势，重男轻女的符司令员凭着自己多年来的经验和根深蒂固的传统观念，觉得女儿比儿子差远了。

　　但是随着美丽的女儿们一天天长大，他的许多同僚都盯上这些小美女，想讨到家里做儿媳妇，符司令员才感觉到女儿的价值。他一定让这些有价值的资源利益最大化，所以选择姑爷的条件很苛刻，一般人家的孩子也不敢高攀他们家，即使门当户对，他也要深入考察，特别是给大女儿找婆家的时候，他经过多方考察权衡论证，才选定了李守贞的儿子李崇训。李守贞也是五代历朝的大将，和符彦卿经历、资历都相当，李崇训和符大小姐年岁相当，门当户对，最重要的是因为这种联姻关系，在政治上他们彼此又有了一个坚强的助手，在纷乱的年代，这一点很重要。

　　符大小姐十六七岁了，正是女人一生最美的季节。这个从小养在深闺的女孩，却是个有性格的女孩子，她有主见，不喜欢迎合别人的观点，不是那种逆来顺受的小女子，虽然表面看上去温文尔雅，温婉秀气，乖巧听话，关键的时候特敢自作主张。对于嫁给李守贞的儿子李崇训这件事，她之所以没有提出反对意见，是因为她觉得已经做了军官的翩翩少年李崇训应当是一个可以依托终身的人，自从有了少女的心事，她已经梦想过自己未来的夫君的样子，她没有见过李崇训，凭着别人只言片语的介绍，猜想着李家的公子一定是个大帅哥，所以就很乖巧地听从了老爸的话，嫁到老李家做媳妇。

　　嫁给李崇训后，她发现，这个男人除了性格上有些像他老爸一样刚愎自用，充满冒险精神，其他方面还是可圈可点的。

　　符大小姐的公爹李守贞虽然也是辗转几个朝廷，从后唐时候石敬瑭手下的将官，到后晋时候的高级将领，到后汉朝代的节度使，相当于今天某大军区司令员，但是李守贞是一个很会投机的人，他的投机和符彦卿的投机不一样，符彦卿无非是谁上台他就追随伺候谁，李守贞则有叛国投敌的嫌疑，他甚至投靠过契丹人，名义上和中央保持一致，其实和任何一任中央政府都是离心离德。乱世之中，看到你方唱罢我登场的热闹混乱局面，他也有野心弄个皇上当当过把瘾，只是在寻找时机。因为前面的许多节度使给他做出了榜样，五代时期，几乎所有夺取政权的人都是节度使，中央政权拥立和废弃都由他们说了算，李守贞有时候感觉，自己如果做了皇上，一定不比现在的皇上差。

私下不断做着皇帝梦的李守贞，在娶了儿媳妇符大小姐之后，一次偶然的机会，把他蛰伏的野心又煽得死灰复燃了。

李守贞司令很迷信看相算卦之类的，经常会请一些算卦的、看相的、相面的到家里来替他预测未来，然后他再按照预测结果制定自己下一步的工作计划和措施方案。那一天他又请来一个很不靠谱的相面先生，那哥们儿吃这碗饭已经半辈子了，能洞察人的心理，他知道李司令有当皇上的野心，就顺着他说，为的是多捞几个赏钱。李守贞家里的人们他已经相过 N 次了，不好再增添新的说法，李崇训新娶的媳妇是第一次让他看相，在这个新媳妇身上可以做一下大文章。

符大小姐一出场，相面的就惊呼：呜呼呀，这个女人不得了。

大家不敢问，等着他说怎么个不得了。

相面的说：此天下之母也！将来一定是国母啊。

这种心理暗示很起作用的，不要低估暗示的力量，有时候，别人的心理暗示，会影响你的心理和情绪。李守贞司令受了心理暗示的影响，心想自己的儿媳妇将来可以做国母，说明他儿子李崇训可以当皇上，凭着他儿子自己那点儿本事，断然是爬不上皇位的，只有自己打下江山把位子传给他。

李守贞坚定了谋反的决心和信心。既然儿媳妇是做皇后的命，我还怀疑什么，这江山注定是咱老李家的了。

李司令想问题太片面了，他丝毫没想过，人家即使是做皇后的命，那皇上也未必就是你儿子啊，万一人家以后和你儿子离了婚，改嫁了别人呢。后来，这个万一不幸成为事实，李守贞想后悔已经没有机会了。

对于将来当皇后之类的鬼话，符大小姐基本上不太相信，晚上小夫妻在一起的时候，红袖添香，尔侬我侬，摇曳的烛光下，两个人和所有的小夫妻一样也是情深意切卿卿我我。李崇训又说起了相面的事，甚至开玩笑直呼符大小姐为皇后，符大小姐轻叹一声：老公，你真的也和你老爸一样，相信那个相面的胡说八道啊。

李崇训说：老爸都信了，我信不信还不是一样。

因为江湖骗子的一句屁话，就要扯起一杆大旗妄想颠覆推翻现有政权，符大小姐细细思量，感觉不寒而栗，心想，这爷俩儿是不是缺心眼儿啊，如果把人家的政权推翻了你做皇上，如果推不倒，后果不堪设想，一家人的脑袋还不都得搬家啊。她暗自诅咒那个倒霉的算卦的江湖骗子，你拿谁开涮不行啊，偏偏说我能当什么皇后，撩拨起公爹的皇帝美梦，如果谋反失败，我就是红颜祸水，你说我冤不冤啊。

李守贞开始紧锣密鼓策划谋反的事，当下正是个好机会，老皇上刘知远死了，新上任的小皇上刘承祐刚刚十八岁，还是个小屁孩儿，在这个后汉最薄弱最疲软的时候抓紧折腾，还是很有希望的，他联合了另外两个军区的司令员，敲定一起举兵造反，互相配合。

符大小姐无奈地看着李崇训帮着老爸忙前忙后，她对这个男人，不是那种生生死死的爱，但是一日夫妻百日恩，毕竟还是有感情的。女人在感情上都有惰性，只要成为了某个男人的女人，一般都嫁鸡随鸡嫁狗随狗，符大小姐现在最担心的不是那个皇后的位置有没有着落，而是李崇训会不会有生命危险。

谋反开始后，并不像理论上设想的那样顺利，人家后汉隐帝刘承祐虽然在皇上岗位上没有什么工作经验，但是背后也有一个领导班子支撑着，李守贞这边刚一有动静，刘承祐就派出了大将军郭威来平定三藩。

那个夏日，李守贞终于守不住了，连最后的阵地都丢了，著名的河中城保卫战中，李守贞全军覆灭，郭威的军队杀进来，李守贞见大势已去，知道投降也是一死，就在阵地上直接自焚了。自杀前嘱咐儿子李崇训马上回家，把一家老小一个不拉地集合到一起，全家集体自焚。这样做并不是要显示他们老李家多么悲壮，多么有骨气，多么宁死不屈，只是因为无奈。一般像这种情况，如果被朝廷抓住，家属的下场比自焚还悲催。

李崇训火速赶回家，把哭哭啼啼的一家老小都从旮旮旯旯翻腾出来，准备亲手杀掉再焚掉，清点了一遍人数，就是不见他自己的老婆符大小姐。他先把找到的这些家人杀掉了，如果自己去找老婆，说不定再回来这里会跑得一个人都不剩了，当务之急，只有找到一个杀一个。杀完一家人，他精神已经几近崩溃，疯狂地满院子找寻符大小姐。

符大小姐自从听到兵败的消息，就已经知道等待自己的是什么厄运了，她提前找好了可以隐身的地方，把自己藏起来，不是她贪生怕死，她觉得这样死去太没价值了。本来她还是有些爱李崇训的，当他疯狂追杀一家人的时候，她都听见了，连他自己的母亲，连几岁的孩子他都没有放过，她对这个残忍的近乎恶魔的男人已经没有一丝一毫的爱了，特别是当他最后到处找寻自己的老婆，哪一个都不能少的冷酷的执著，让符大小姐感觉不寒而栗。

就在李崇训眼看要找到符大小姐藏身地方的时候，追兵已经进院了，李崇训就在离符大小姐近在咫尺的地方拔刀自刎了，这一幕，都被她看在眼里，她战战兢兢地抖成一团，泪水无声流出，流过脸颊，他毕竟是自己同床共枕的丈夫，就这样鲜血淋漓横躺在不远的地方，但她不敢上去，甚至不敢哭出声，她怕被已经进院的郭威的部队听到，把自己杀掉。

郭威的部队的士兵对李守贞家府进行了一轮简单的搜查，发现一家人都死了，一个军官模样的人下令再仔细搜查，符大小姐藏身的地方被搜查到了，她终于被搜了出来。

从李府搜出一个漏网之鱼，而且还是个年轻美貌的女子，士兵们都觉得欢欣鼓舞，押着符大小姐向军官请赏。没想到这个女人虽然脸上带着惊恐和憔悴，但是说出话来很从容，她平静地对军官说：你们是郭威的部队吗？

没有人回答她，郭威的部队与你有什么关系，你是叛贼的家属。

她又说：我是魏王符彦卿的女儿，郭威将军和我爸交情深厚，请你们马上带我去见郭将军。

她的气势和语气，让在场的每一个人都不敢怠慢，一个小女人，在这种情况下还敢这样强势，足以看出她是有背景的，万一她真是符彦卿的女儿，杀了她是不好交待的。军官立即把这个情况上报了郭威，等待郭将军的命令。

郭威是个很重情谊的人，看到下面打上来的报告，知道符彦卿的女儿没死，被他们俘虏了，暗想这个女孩命真大，一般情况下，作为李守贞的大儿媳妇，哪有可能活着走出家门啊。他立即亲自去看望符大小姐，并致以亲切的问候。

　　郭叔叔的亲自到来，让符大小姐也很感动，她说：谢谢您的不杀之恩，作为叛贼的儿媳妇，我苟且偷生，只是为了我的老爸老妈，怕他们经受不住失去女儿的打击。

　　郭威说那我就把你送回娘家吧。他亲自把符大小姐送回符彦卿的魏王府，这无形中为自己赚了一份人情，符彦卿当然非常感激郭威善待了自己的女儿，马上让符大小姐拜郭威做干爹。

　　收这样一个沉稳勇敢、美丽大方的干女儿，郭威也觉得脸上有光。

　　重新回到娘家的符大小姐也不过十八岁，虽然离开闺楼仅仅一年多一点，容颜依旧美艳，但是，此时她已经不是一年前的符大小姐了，现在她是李崇训的未亡人小寡妇，李崇训自刎的悲惨一幕噩梦似地不断在她眼前出现，每当闭上眼睛，眼前就是一片血色，无论如何挣扎，她也走不出那个灰色阴影。大妹符二小姐想方设法哄她高兴，瞬间的快乐之后，依然是无边的郁闷。虽然是名门贵族，但因为她已经沦为二手女人，父母不像现在的老爸老妈那样四处张罗给她找婆家，而是认定自己不到二十岁的女儿属于红颜祸水之类的，你想啊，她嫁到人家老李家，因为算卦的说她是皇后的命，人家才造反想配合她的命运弄个皇上当当，结果把整个家族的命都搭进去了，只有自家这个女儿贪生怕死的逃了一条命。在那个时代的观念中，符大小姐侥幸活下来，还不如以烈妇的名义死去更让他们心里舒服。

　　既然你不肯做烈妇，那就做节妇吧。老妈郑重地为她选好了尼姑庵，给她寻找到的最好归宿是剃掉满头青丝做尼姑，从此青灯木鱼古佛长伴，在袅袅檀香和声声木鱼中，直到心如死灰彻底放弃红尘中的七情六欲。

虽然符大小姐还没有把重新嫁人列入议事日程，但是也不想把一生都交代给青灯古刹，她态度很坚决：死生有命，我能活下来是天意，毁掉自己的形象削发做尼姑这事儿不要再提了，我这辈子都不想当尼姑。

她冥冥中似乎在等待一个缘，姻缘是缘分，她对削发为尼的拒绝，是在等待她命中那个最终的归宿，等待一份属于她的爱情。

冬日的某一日，干爹郭威来了，随行的还有一个三十来岁的男子，英武挺拔干练，眉宇间有一股锐气，却夹杂着一丝难以言说的沧桑和悲怆，这是符大小姐自己看出来的，她一看到这个男子就觉得很亲，两个人似乎前世就有缘分。

郭威说起他们家最近的悲惨境遇，这个男子叫柴荣，是郭威老婆柴守玉的侄子，从小跟着郭威长大，被他收为养子，下海经过商，读过书，练过武，现在是年轻的高级军官。前不久，因为新上任的小皇帝刘承祐缺乏自信，疑神疑鬼的，居然杀掉了郭威和柴荣在京的所有家属。郭威后来娶的夫人张氏和两个儿子、侄子以及柴荣的老婆孩子全军覆没，一群手无寸铁的军属以为住在首都的军区大院就绝对安全了，没想到天降横祸，他们还没弄清楚来杀他们的是什么人，就一命呜呼了。

现在他们爷俩变成了孤家寡人，和符大小姐同病相怜，都是灾难的幸存者。

同是天涯沦落人的境遇，让符大小姐和柴哥哥有了相逢何必曾相识的惺惺相惜。当郭威突然为他们两个人提亲的时候，两个人都没有拒绝，还没有从丧妻丧子之痛中走出来的柴荣，和极力想从寡妇阴影中挣脱出来的符大小姐，此时都想寻找一个可以相依相托的人相互扶持着走下去，他们骤然感觉到对方正是自己要找寻的那个人。

两个人匆匆完婚，洞房花烛夜，虚岁二十岁的新娘子和虚岁三十岁的新郎执手相依，听新郎和天下所有新郎一样说着今生今世永不相弃之类的情话，这样的情话几年前前新郎李崇训曾经说过，符大小姐眼里有了湿润的感觉，人生无常，在这个男人宽厚的肩膀上依偎着，她也希望永远这样幸福地依偎下去。

新婚燕尔，符大小姐就跟着柴荣回到邺都他的工作岗位上，那里是他们的大本营，必须把这个根据地坚守住，郭威则带着部队匆匆离去，无辜的灭门之灾让他咽不下这口恶气，他要讨伐，要找皇帝为自己讨个说法，此一去他没有回来，而是直接在京都坐到了皇帝的座位上，把朝代改为了周。

养父当了皇帝，柴荣的身份变为了皇子，他的工作岗位也随着也有了变动，被派到澶渊也就是今天的河南濮阳镇守，澶渊是京城的门户，柴荣一上任就大刀阔斧开展工作，扩宽街巷，治理环境脏乱差，严格刑法，搞好社会治安，他脾气急，性格暴躁，对部下要求严格，只要人家有一点差池，就是严厉训斥。符大小姐不但是好老婆，还是好秘书，她总是悄悄劝他，不能发脾气，宽容大度、能忍则忍的男人才能做大事。在老婆的调教下，柴荣学会了克制和隐忍，他把澶渊治理的井井有条，展示了他的工作能力。

两年之后，柴荣被提拔到开封也就是当时的首都当一把手，被封为晋王。那一年的夏末初秋，柴荣和符大小姐的儿子柴宗训出生了，失去了和前妻生的几个儿子后，柴荣又有了自己的亲生骨肉，他现在是省级领导干部了，不好喜形于色，但还是表现出男人做了父亲后特有的激动，他紧紧把老婆孩子搂在怀里。

已经升级为妈妈的符大小姐此时感觉无限温馨和温暖，她悄声告诉老公，你不用牵挂我们娘俩，安心去忙吧，记着工作的时候不要随便发脾气。

经历了太多的磨难毁掉了郭威的健康，刚刚在皇位上坐了不到四年，他就一病不起驾崩了，把位子留给了和他没有丝毫血缘关系的养子柴荣，符大小姐当然也就成了皇后。当年，算卦的那哥们说她有皇后的命，还真让他蒙对了，现在她是名符其实货真价实的符皇后。

柴荣现在是皇上了，他的臭脾气又有些死灰复燃，符皇后这个皇后当得很到位，她一如既往地该劝就劝，该说就说。但是，男人都认死理，特别是成功男士，关键时候是听不进别人劝告的，已经做了至高无上皇帝的成功男士柴荣，有时候是不会拿老婆的话当真的。

公元956年，柴荣要亲自率兵去征讨南唐，符皇后无论如何都不赞成这个鲁莽的决定，她劝他，你是皇帝，你现在已经不再是驻守一方的地方军政官员了，你想过没有，如果你有点闪失，会是什么后果。

柴荣觉得这是女人之见，死拧着就要亲自南征，符皇后不放心，只好跟着随军照顾他，此行却让二十六岁的符皇后走上了不归路。

从春天到夏天，几个月的时间南征没有多大进展，几个月的颠沛流离，心力交瘁，再加上淋了一场雨，从小娇生惯养没有经受过任何风吹雨打的符皇后，终于病倒了，被送回皇宫。

符皇后病得很重，躺在滋德殿，她一直在发高烧，昏迷不醒，偶尔醒来也是昏昏沉沉地说胡话，柴荣匆匆赶回来，守在她的床前，泪流满面，外面夏花正开，这个生如夏花的女子却已经走进弥留之际，她醒了，多日以来第一次这样清醒。无力地抓住柴荣的手，她很爱他，这是她一生中最爱的男人，本来想和他白头偕老，但是她已经无力再把握自己的命运了，她知道自己的生命已经走到尽头了，她听到了柴荣的啜泣，听到了二妹符二小姐抱着三岁的儿子柴宗训进来了，小儿子在叫妈妈，她知道一家人厮守一起的幸福快乐时光即将走到尽头了。

符皇后用最后的气力把柴荣、儿子和妹妹的手搭在一起，她知道妹妹也很爱柴荣，她不舍，但是无奈拗不过命运。

二十六岁的符皇后死在了鲜花盛开的夏日，她不知道，她死后的第三年，她深爱的柴荣也死了。没了她的劝说和体贴，雷厉风行的脾气、事必躬亲的作风让柴荣耗尽心力英年早逝，和他的符皇后九泉之下早早团聚了。

7 甘愿做姐姐的替代品
——后周世宗柴荣的小符皇后

小符皇后是符皇后的妹妹，符家的二小姐。

符彦卿天生是做皇上老丈人的材料，六个女儿中，有三个女儿做了皇后。符大小姐因为改嫁柴荣，不小心捞到个绩优股当上了皇后，符二小姐暗恋姐夫已久，后来也成为柴荣的女人，姐姐过世后，她接替姐姐也成为后周的国母。符六小姐嫁的男人是赵光义，作为大宋开国皇帝赵匡胤的弟媳，本来是没有指望当皇后的，这个世界上许多看似不可能的事情，往往最终的结果却出乎人们的意料，赵光义把不可能变成了可能，不管是弑兄篡位还是别的什么手腕，反正最终符六小姐也当上了皇后。

符家的女孩子个个貌美如花，个个秀外慧中，符二小姐不像大小姐那样勇于把握自己的命运，也没有大小姐那种胸怀祖国放眼世界的理想以及强烈的果断力和支配欲，甚至没有姐姐那么惊艳，但是，她比姐姐多情，温婉，会体贴人。已经经历过一场家庭劫难的柴荣，需要的是女人和煦的温情和母性的呵护，在这一点上，符二小姐女人味似乎更浓一些，更适合做老婆。

灿如夏花的符家的大小姐和二小姐一定分别拥有一个芬芳的名字，这样的大家闺秀，取名字应当是很讲究的，但是在女人只能做男人陪衬的古代，即使柴荣那般深爱着他们姐妹，即使她们已经贵为皇后，却依然没能在历史记忆中留下名字，只知道她们姓符。

二小姐和大小姐的年岁仅差一两岁，在姐妹们当中，她们的感情最亲密。

尽管后来她们同时嫁给了一个男人，但是，总感觉在婚姻爱情上，两个女子的观念是不同的。大小姐十六七岁就坐着花轿离开闺房，嫁给了李崇训，不管婚后的生活如何，她按照应有的程序如期嫁了，按理说此后出嫁的应该是二小姐，可是，一直等到大小姐因为家庭以及政治变故做了寡妇，黯然重返闺房，二小姐依然还没把自己嫁出去，忧伤苦闷的姐姐有了妹妹的陪伴，尽快从伤痛中走了出来。

如果说十七八岁的符家的二小姐还独守闺楼，还算有情可原，但是大小姐二次出嫁很多年了，二小姐还待在闺中，把自己耗成了二十五岁的剩女，还没把自己嫁出去，她大抵不是想把绣楼的楼底坐穿，而是一直没遇上心仪的男人吧。

其实二小姐凡事总爱和姐姐比，她抱定一个信念，凡事不能比姐姐差。当初大小姐欢天喜地嫁给李崇训的时候，她想的是，自己将来也要找一个李崇训那样的高帅富男孩做丈夫。只是上门说媒的介绍给她的基本没有高高大大的帅哥，她只好耐心地等着，没等来帅老公，却把寡妇姐姐等回了家。

有了姐姐陪着，她不用着急了，现在她们都是剩女，姐姐还是二手剩女，按照常理，自己的条件应该比姐姐好出嫁。

没想到郭威替养子柴荣选中的是符家的大小姐，对二小姐根本没有思量一下。郭威这个人在选择女人上很有个性，他自己的老婆们基本上都是二手女人，所以给自己的养子挑选媳妇的时候，他没把贞节放在第一位，而是更看重女人内在的东西，符大小姐的端庄美丽容颜，处惊不乱遇事不慌的性格，能把控大局的气度，都是郭威欣赏的，当然也是柴荣欣赏的，那时候，柴荣已经三十岁了，否则他不会答应把这个女人娶回家。

当姐姐二次把自己嫁出去的时候，符二小姐如果想替自己找一个和姐夫同等水平的男人就更增加了难度。郭威很快当上了皇上，柴荣成为了皇子，而且是唯一的一个，到哪里再找这样的夫君。漫说柴荣那样的，就是一般的门当户对的男人们，也没有在街面上漂着的了，基本上都走进了围城。此时的二小姐已经二十多岁了，在那个时候是绝对的大龄剩女，稍稍条件好一些的男子已经妻妾成群，她不甘心给人家当填房，找条件差些的又觉得委屈了自己。

姐姐妹妹们陆陆续续从自己的闺房走进某个男人家，成为妻子、母亲，她却一直不知道为谁坚守着。姐夫已经当上了皇帝，姐姐也荣升为皇后了，自从生下小皇子柴宗训后，她的身体一直不太好，符二小姐经常进宫陪姐姐说话聊天，或者帮着照看小皇子，偶尔有机会能见到姐夫。

符二小姐和柴荣之间的关系，属于很纯粹的姐夫和小姨子的关系，她没有像后唐的小周后那样明修栈道暗渡陈仓地把皇帝姐夫偷到手，她时不常地进一次皇宫，不是为了和姐夫偷情，而是来看姐姐和小外甥柴宗训。她非常喜欢疼爱这个孩子，柴宗训和二姨妈的感情甚至比和妈妈还要好。

柴荣是中国历史上比较短命的皇帝，但也是比较爱岗敬业的皇帝，他是个工作狂，为了工作上的事，经常发脾气得罪人，也多亏了符皇后的悉心帮助和调教，让他的性格越来越成熟，路越走越宽。

但是，柴荣也不是事事都听符皇后劝告。公元956年，刚刚成立没多久底气还不足的后周做出一项重大决定：先打下南唐，然后统一中国。给柴荣出这个馊主意的山东人王朴不过是一介文人成长起来的官员，虽然满腹的治国大略，但是从来没有过战争经验，柴荣亲自率兵去征讨南唐，符皇后觉得这项决定太仓促了，能不能稍微缓一缓再南征。柴荣说，朝廷常委会上做的决定哪能说变就变啊，就这么定了，让王朴担任枢密使，主持军政事务，我带兵出去打仗。

符皇后觉得，一国之主亲自出征，危险系数太大，如果有一点闪失，整个国家就完了。她不放心就这样让柴荣出去，决定自己亲自跟随他上战场，也好有个照应。

临行前，她把儿子交给了妹妹符二小姐，告诉她替自己带好孩子，后宫虽然有的是人照看小太子，但是只有把孩子交给她，她才放心。

重任在肩，符二小姐不敢怠慢，向姐姐保证：放心去吧，我一定帮你带好孩子。

柴荣把天下交给了王朴，符皇后把孩子交给了妹妹，两个人解除了后顾之忧，就带领军队出发了。出发的日子天气还很冷，无论是骑马还是坐战车，都会冻得浑身瑟瑟发抖，符二小姐问姐姐："这样的天气，你身体坚持得住吗？不然就别去了。"符皇后说："自己决定的事不能变，既然柴荣坚持他的决定，那么我也要坚持我的决定。"

风尘碌碌，寒风刺骨，柴荣带着大将李谷、李重进、赵匡胤向南进发，初战基本还算顺利，虽然怯懦的李谷有些耽误事，总体上看也略见成效。本来想着一鼓作气，但是，南方的雨季到来了，北方士兵适应不了气候和水战，不得不先撤回来。符皇后身体本来就不算健壮，经过长期的鞍马劳顿，又淋了两场雨，在征途上她就病倒了，发高烧，说胡话，随队的军医说，快把皇后送回去吧，这样下去恐怕不行，她的病太严重了。

经过一路的颠簸，符皇后昏昏沉沉被送回了后宫，符二小姐带着小外甥柴宗训第一时间赶过去，一看姐姐那憔悴的样子，她泪如雨下。美丽的姐姐刚出去三个月，就变得这样形容枯槁，这是何苦呢，何苦这样较劲，姐夫现在是皇上了，即使你在旁边督导，他还会听你的吗？看来当皇上的老婆也够不容易的。

柴宗训小朋友看到妈妈这个样子，很害怕，躲在姨妈背后怯怯地看着躺在病床上那个看起来很陌生的妈妈。

符皇后奄奄一息躺在滋德殿，正是炎热的夏日，天气酷热，她却一直觉得像躺在冰窖里，浑身冰冷。昏睡的时候，她总在做梦，梦到自己飘飘忽忽进入一个奇妙陌生的世界，她意识到自己的生命快走到尽头了，想起自己年幼的小儿子，她就对这个世界恋恋不舍。妹妹符二小姐又带着儿子来看她，柴宗训紧紧依偎在姨妈怀里，那情景是母子情深的温馨。当初身体好的时候，儿子这样依恋姨妈，符皇后还有着丝丝的嫉妒和失落，现在她突然觉得很安心。倘若自己不在了，儿子有姨妈的悉心呵护，也不会缺失母爱。她突然冒出一个想法，如果自己百年之后，让柴荣续娶了二妹，妹妹的婚姻有了着落，儿子也有了一个疼爱他的妈妈。她是一个宽容大度的女人，但是在爱情上却和所有女人一样的小心眼和自私，当自己突然冒出这个想法的时候，一个即将赴死的女人，心里会是怎样的辛酸和无奈？

她没有把这个想法告诉妹妹，她能感觉出来，符二小姐是喜欢柴荣的。

符皇后病危告急，再次出征的柴荣得到消息，马不停蹄连夜往回赶，只为了再见他的皇后一面。他刚回去的时候，符皇后已经处于弥留之际了。符二小姐、儿子柴宗训都守在他身边，她告诉柴荣，她走了之后，请求他续娶自己的这个妹妹，儿子柴宗训有了这个姨妈母亲般的呵护，才能身心健康地长大成人，这是她临终之前的唯一愿望，柴荣含泪答应了她。

尽管符二小姐不像小周后那样在姐姐在世时就对姐夫柴荣有非分之想，她也是欣赏姐夫的，一直在暗恋着姐夫，当姐姐提出让她嫁给姐夫的时候，她没有拒绝。

符皇后死了，柴荣悲痛万分，为她服丧七日，谥封为"宣懿皇后"，他把心爱的女人葬掉，这已经是他埋葬的第二个女人了，每一个女人的逝去都让他心碎一次。

符二小姐成为了姐夫柴荣的继室,她继承了姐姐的丈夫和儿子,但是却不能像姐姐那样征服这个男人的心。符二小姐是个合格的女人,她温柔和体贴,却看不懂柴荣的所思所想,也不知道从哪里着手能替他帮上忙,所以只能无所适从地眼巴巴看着柴荣为了国计民生奔波操劳,日复一日地衰老憔悴下去。

三年的时间,柴荣仿佛走过了三十年,他拼命工作,事必躬亲,身为皇上,却不论大事小事都亲自去做,虽然落下了"五代第一明君"的荣誉称号,却付出了健康的惨重代价,柴荣当年打仗的时候得过重病,军队的医疗条件不好,没有医治彻底,在劳碌中终于旧病复发长卧不起,他苍老的速度以及身体衰败的速度非常快,三年之后的初夏,三十八九岁的柴荣已经看起来非常虚弱。也许预感到了身体发出的危险讯号,符皇后死后第三年的六月初九,柴荣把符二小姐立为皇后,她仅仅在皇后的工作岗位上工作了十天,柴荣就病逝了。

她没想到老天仅仅给了他们三年在一起的时间,太短了,她幻想的天长地久的爱情变成了泡影,事实上,柴荣还没来得及正式爱过她,他还没把感情从符姐姐移到符妹妹身上,这是符二小姐最大的悲哀。

年仅七岁的柴宗训别无选择地接替老爸走上皇位,当了十天皇后的符二小姐升级为符太后。

一个是乳臭未干的小屁孩,一个是没有任何工作经验和工作能力的无主见女子,靠这娘俩支撑后周的天下,他们支撑的起来吗?

柴宗训显然太小了,必须有人辅佐,符太后临朝听政,成为主宰后周帝国命运的一把手。

几个月之后赵匡胤发动陈桥兵变，刚刚过完春节，人们还欢乐而慵懒地沉浸在节日的气氛中，出兵在外的赵匡胤已经黄袍披身颠覆了后周政权。这是人们意料之中的事，即使赵匡胤不把小皇上轰下皇帝的宝座，也会有别人来做这件事，惦记皇位的人多了，五代十国那个混乱年代，但凡有一点实力的人，都敢做皇帝梦，早已经羽翼丰满的赵匡胤，绝对不会再错过这样一个天赐良机。他把小皇上和符太后从皇宫赶出去，哪儿凉快到哪儿待着去吧，亲戚里道的，不杀掉你们娘俩，算是给足了面子。

符太后带着八岁的柴宗训被迫走下还很陌生的皇后这个工作岗位，后周的江山已被大宋取代，她一个女流之辈，此时能做的，只是在这料峭的春寒中，照顾好柴宗训的起居，别让他因为这场变故有什么闪失，否则，她更无法对九泉之下的姐姐和柴荣交待了。她虽然依然是西宫周太后，柴宗训这个原皇帝也没有一下子沦为庶民，而是降级为郑王，那只是给外人看的，显示赵匡胤政治上的怀柔政策。他们作为前朝的遗老遗少，人家现任政府能赏口饭吃就已经很人性化了，不要拿那虚妄的名号当真。

柴宗训慢慢长大了，他是一个瘦弱内向的男孩，曾经的经历给他的人生留下了很大的阴影，他仅仅活了二十一岁就死去了，他的死一直是五代十国的一大谜案，正当青春年少的小伙子，突然逝去，是病死的，还是另有原因？已经没人能还原历史真相。

悲情的符太后是最了解真相的，昔日繁华的皇宫，快快乐乐的一家人，现在只剩下她孤家寡人，她心情沉郁地搬出西宫，走进道观出家修道。

淳化四年是宋朝历史上不太平的一个年头，也就在那个秋天，符太后走完了她痛苦多于快乐的一生，她的妹夫宋太宗念及情面，隆重地把她葬在了懿陵，让她陪伴在姐姐西北。

　　符家一门三后，她在三姐妹中是最长寿的，但也是命运最坎坷最凄婉的。最后的岁月里，回忆遥远的往事，她有时候在内心叩问，柴荣究竟爱没爱过自己？或许他永远都没有爱过，她不过是姐姐的一个替代品。

第二篇
乱世宫闱爱情

　　她们是柔情似水的脂粉红颜，也是傲然绽放的铿锵玫瑰，乱世把她们推上为江山社稷分忧的特殊位置，宫闱中她们是千娇百媚的皇后，运筹帷幄中她们是政界的"铁娘子"。

1 把丈夫的小老婆发展成闺蜜
——后唐庄宗李存勖之父李克用的刘皇后

能在纷乱的朝代里脱颖而出的英雄一般都有奇才，比如五代时期的朱温，比如和朱温同时代的李克用。

李克用的出身和朱温不一样，草根出身的朱温凭着过人的无赖技能一步登天，李克用则从小就出生在军营里，他老爸李国昌是地师级领导干部，属于有一定背景的，从小就是唱着军歌长大的，在军中有"飞虎子"的称号。

李克用本来不姓李，而是姓朱邪氏，属于西北少数民族，但是从唐朝初年他的祖先就开始为大唐的江山守卫边疆，到他爷爷朱邪执宜那一辈，这个边防军一步步成长为蔚州也就是今天山西灵丘的刺史，李克用老爸朱邪赤心继承和发扬老一辈光荣传统，不但和朱邪执宜一样在山西当了一任刺史，还立功受奖得到了皇上的最高奖赏，赐姓名李国昌，最后荣升振武节度使，相当于军区司令员，李克用也就跟着老爸改姓李了。

遗憾的是有着优越家庭背景的军二代李克用并不是高富帅，他是个身体有缺陷的残疾人，而且还是先天残疾，他出生的时候就有一只眼睛失明，所以是一个名符其实的独眼龙。缺少一只眼睛，只是容颜上不美观，并不影响到他身体的发育，他练就了一身好武艺，靠这身武艺，打打杀杀，坚定地和唐朝中央政府保持一致，谁妨碍了大唐王朝的利益就和谁打，谁对维护国家利益有利就和谁结成同盟军，为风雨飘摇的大唐江山立下了功劳，唐朝分崩离析之后，他又致力于争霸大业，但是耗尽毕生精力也没看到最后的胜利和成功。这是个曹操式的悲情英雄，虽然他儿子打下江山后给他追认了一个皇帝的名分，其实他一天皇帝都没当过。

像李克用这种容貌有严重缺陷的人，搁到一般家庭，是很难娶到老婆的，在美女资源奇缺的古代，更不要奢望找到美貌的女子了。好在他优越的家庭条件算是诱人的资本，有金钱和利益驱使，活跃在民间婚介舞台上的媒婆们纷纷行动起来，整合手头掌握的美女资源，所以在媒婆的奔忙下，李克用挑选老婆有了很大的选择余地。

姓刘的那个女孩是许多候选者之一，古代男女相亲不像今天这样可以相来相去看来看去的，李克用父母大概经过对女方各方面条件的认真权衡，最终锁定了这个姓刘的女孩，她在候选者中一定是最漂亮，最门当户对，最符合李克用一家审美诉求的。

这位后来封为李克用皇后的刘姓女子和许多古代女子一样，

没有在历史上留下姓名，后人只能用她的姓氏冠名她为刘氏。

刘氏对李克用的一只眼问题，似乎没有过多追究，嫁鸡随鸡，嫁狗随狗，嫁给一只眼的男人，两个人合起来三只眼完全够用了，刘氏对李克用的爱，很有些美女爱英雄的情怀，自古美女爱英雄，对这位横空出世的英雄，他相貌如何并不重要，只要在女人心目中，他是个真正的英雄，就能吸引女人献上一生的情和爱，她对这个男人不仅仅是喜欢，还有崇拜，但不是盲目崇拜。

美女与英雄本是天作之合，刘氏和李克用之间在没有三妻四妾参与进来的时候，一对一的爱情也曾经恩恩爱爱缠绵悱恻过，虽然没有什么曲折的传奇，但也曾经海誓山盟的说过永恒之类的话。当有朝一日英雄一步步走向成功的时候，他就开始把目光转向了更多的美女，于是，接二连三的有新的美女被娶回来，与刘氏分割爱情。

其实，靠个人奋斗成功的男人内心的情感世界更加脆弱，他们不成功则已，一旦成功，无一例外都要放纵自己一把，美色是他们最难抗拒的，拥有多少美色往往是中国古代男人炫耀自己功成名就的一个标尺。

此时考验的是与这个男人相扶相助沐风栉雨的第一任老婆的意志，这个女人倘若是个醋坛子，那么，连她当下的地位都保不住，新上任的小三小妾会乘机把她挤下台，牢牢占据她的位置。五代年间的刘氏面对眼下的形势，如果像今天那些独立女性一样离婚或者分居，无疑是把自己往绝路上推，她能做的唯有隐忍。

真正的美女必须内外兼修，刘氏早已经把自己磨练成了内外兼修的美女，她性格不像一般小女子那样唧唧歪歪的，她非常有涵养，做事包容大度，不但天生丽质，而且智慧与美貌并重，表现最突出的地方就是她能和李克用的小老婆们和平共处，不仅仅是保证不鸡飞狗跳地打架，而且和所有的小老婆们处得像亲姐妹，彼此之间情深意浓地互相牵挂。这让人无论如何都有些看不懂，同在一个男人名下的女人们，几乎没有不互相嫉妒的，李克用的老婆们怎么啦？

这是刘氏确保自己地位的一个战略战术，她只有和这些后来的女人们结成同盟军，让她们在这个家里呆得舒舒坦坦，才能让自己过上舒坦日子。她必须让她们从心里默认自己是永远的老大，只要坐稳了大姐大的位置，李克用猎艳完之后感觉不新鲜了，就会把这些女人交给她这个老大来管理和驾驭，牢牢把握住管理权，永远是李克用的第一夫人，任凭你是多么年轻美貌的小妾，也不敢翻天。

美丽的小妾们也自觉地把刘氏当做自己的领导，她们之所以不和刘氏争夺地位，一是不敢自不量力地胡来，二是因为刘氏对她们其实并不构成威胁，多年以来，刘氏很不争气地没有生出儿子，一个没有儿子的女人就没有未来，对那些女人们来说，就不构成任何威胁，而对于刘氏来说，她很享受在众多女人中做一把手的感觉，男人平时要在外面干大事业，家里的老婆们让她管理得井井有条，从来不因为争风吃醋的闲事给男人添乱。

给李克用当了多年的老婆，刘氏从他身上学会了一套领导才能。她自己做一把手，从小妾队伍中选了曹妹妹给自己做助理，这样更加有利于管理。总起来讲，李克用的老婆团队是个素质比较优良的团队，曹氏是平民百姓家的良家女孩，因为姿色出众被李克用娶为二房，其余的有从唐朝第十九位皇帝唐昭宗那里回收来的二手美女陈氏，有从败将李匡筹手里收编过来的二手女人张氏，这些女人都是品貌兼优的尤物，是李克用多年来慢慢从全国众多女人中海选上来的，刘氏领导着这支队伍，更显得威风凛凛，到后来连李克用都怵刘氏三分，因为她一声令下，说不定家里所有的女人就叫齐了号和她们共同的老公对着干，这样的女人是得罪不起的，所以，李克用在史上落下了个妻管严的名声。

家里什么多了都是麻烦事，老婆多了更麻烦，她们之间整天争风吃醋打打闹闹鸡飞狗跳，是个麻烦事，如果她们之间齐心协力团结一致，也很麻烦。刘氏和曹氏结成了铁杆死党，刘氏之所以看好曹氏，是因为她是出身一般人家的小家碧玉，朴实仁厚，不斤斤计较，她们两个的性格中有许多共同的地方。而那些从皇宫和将军府走出来的二手女人们毕竟经历过太多的人和事，特别是李匡筹家里走出来的那个妹妹，他们家这些年那叫一个乱啊，李匡筹的哥哥李匡威公然强奸他的兄弟媳妇，也就是说李匡威、李匡筹兄弟共用一个女人，对这些经历过诸多事情诸多男人的女人必须要多长个心眼。刘氏感觉管理好家里的女人团队单靠自己一个人的力量太薄弱了，有了曹氏这个同盟军，不但可以增加自信，还可以把一些工作放手给她做，自己能稍稍清闲一些，赶上李克用外出打仗的时候，她还可以腾出时间跟着他骑着战马驰骋疆场，过过当作战参谋的瘾。

马背上跟着个风华绝代的美女，那阵势威武之余还有些风光浪漫。刘氏跟着作战队伍不是来作秀的，而是真抓实干，不但跟着一起参与作战方案，还兼着督战的职能。关键时候，她是起过决定性作用的，有时候甚至力挽狂澜。

当年，在汴州著名的五星级驿馆上源驿大酒店，朱温为李克用设了一场夺命鸿门宴，那场宴席之后，如果不是刘氏出谋划策，李克用早就全军覆没了。

鸡鸣狗盗出身的朱温，做事根本不按套路走，他是不折不扣的投机主义者，从来不懂得什么叫义气，恩将仇报的事发生在他身上再正常不过。当他需要李克用帮忙的时候，屈尊下跪都无所谓。黄巢起义军眼看就要逼近朱温的地盘，朱温知道自己抵挡不住了，就一把鼻涕一把泪地求助李克用，让他帮着自己一起攻打黄巢，承诺事成之后必有重谢。李克用带着兵马勇猛上阵，把黄巢打得落花流水，自己的军队也受到重创。黄巢受到这次致命打击，没过多久就彻底覆灭了。

朱温为了答谢李克用的鼎力相助，特地在汴州著名的五星级驿馆上源驿大酒店设酒宴款待李克用和他的将士们。临出门的时候，李克用告诉老婆刘氏，好好在驻地守着，自己要去参加朱温的酒宴了。刘氏告诉李克用，和朱温那样的无赖交往要多长几个心眼，说不定什么时候就被他挖的沟绊倒。李克用说，至少这次不会的，刚帮着他打败了黄巢，就是想翻脸也得过一阵子再说吧。

汴州是朱温的领地，这场在最豪华的酒店举行的酒宴确实很有排场，李克用带了三百多人来参加宴会，他也想到，如果这是场鸿门宴，手下的三百多精兵强将也能抵挡一阵子。在酒宴上，朱温频频劝酒，李克用喝高了，嘴上就没有把门的了，对比他大四岁的流氓无产者出身的朱温表现得极为不尊重。

李克用的崛起已经对朱温构成了严重威胁，本来朱温就想在酒店动手除掉李克用，只因他带来的三百多人混杂在各个角落，个个警惕性很高，不太好下手，朱温忍气吞声，假装不在乎，还留李克用和他的随从们在这家高级酒店住下来，看上去极其有修养。烂醉如泥的李克用已经没有思维能力了，大家看朱温表现得很诚恳，就扶着李克用进了客房。

这个夜晚注定是个不太平之夜，朱温没有放过这个绝好的机会，趁着夜深人静，他派自己的部队包围了上源驿酒店，对睡梦中的李克用人马展开进攻。李克用的亲兵们梦中惊醒，进行抗击，外面围攻的朱温军队改变了战略，开始放火猛烧，火势凶猛，酒店里面乱成一团，李克用还在深度醉酒中，根本不知道身边发生的一切，是被一个亲信用冷水给浇醒。

惊醒后的李克用一看眼前的熊熊烈焰，立即明白了这次让老婆猜对了，朱温摆的就是一场鸿门宴，当务之急是怎么带队伍突围出去，已经有不少人被乱箭射死或者丧身火海了，不能在这儿等着活活烧死。他想冲出去，火势太大，据说正在这个危急时刻，月朗星稀的天空突然闪电通明雷雨大作，一场突降的大雨把火浇灭了，李克用死里逃生。历史上这场雨有没有下过我们就不去考证了，总之李克用是突围出来了，他带去的人马已经所剩无几。

早在朱温的部队包围酒店的时候，在外面负责警戒的李克用几个士兵发现大势不好，就跑回驻地向刘氏报信儿了，对逃回来报信儿的士兵，刘氏立即就斩杀了，这个女人做事有大女人的风范，大有无毒不丈夫的铁石心肠，她这样做的目的是要隐瞒消息，以免扩大影响面，然后不动声色地悄悄召集了一些将领，带着一干人马去搭救李克用。在离驻地不远的地方遇上了灰头土脸丢盔卸甲逃回来的李克用，天色已经微明，李克用一见到老婆，泪水夺眶而出，他告诉刘氏："真让你猜对了，朱温那小子确实不地道。我差点见不到你了。马上回营房整顿队伍，发兵灭了他个土流氓。"

刘氏平静地说："先回营房安顿一下再说，你太辛苦了。"

回到营帐，刘氏待李克用稍许平静了一些，对他说："如果你带兵去攻打他的地盘，本来有理的事反而理亏了，倒不如先给大唐中央政府打一个报告，奏明事情的来龙去脉，然后再名正言顺地讨伐朱温，这样才占理。"

李克用听了老婆的话，写了一封上告信给皇上，鉴于当前内外交困的国内国际形式，懦弱的皇上劝他们和解，事情不了了之，李克用细思量，依照他的实力，还真打不过朱温，君子报仇十年不晚，这仇总有一天要报。

美女与英雄的绝配就是美女可以仰慕欣赏英雄，美女还可以辅佐英雄，就像李克用和刘氏这种模式。

李克用和朱温的仇越结越深，一心想称王称霸的朱温后来索性撕破了脸皮，当他的亲信氏叔琮攻打李克用的晋阳领地，晋阳面临失守的时候，李克用想放弃晋阳，向北逃到鞑靼少数民族领地，众将领争执不休，刘氏出面发表了自己的意见：死守晋阳，决不能放弃！这时候的李克用就需要有人替他拿个主意，刘氏的坚决让他也有了信心，晋阳城最终守住了，氏叔琮无奈撤军，刘氏的决策又一次正确。

这个女人不单单是有谋略有智慧，她的胆魄一般女人也比不了。李克用麾下有十三个义子，号称"十三太保"，其中有一个名叫李存孝的，有些一根筋，因为李克用的奖惩制度不合理，再加上轻信他人挑唆，他背叛了干爹李克用，准备另立山头。他拉杆子开始和李克用死磕，但是战来战去战到最后，李存孝确实嫩了点，不是李克用的对手，当他被围困在孤城弹尽粮绝的时候，开始后悔了，坐在城楼上对着城外的干爹哭哭啼啼说自己错了。此时，需要派一个人去劝说李存孝，李克用思来想去拿不定主意派谁去合适，作为李存孝的干娘，刘氏主动请缨，把这个任务交给我吧。

刘氏的口气不容置疑，李克用知道，她已经决定的事，必须依着她。

一个手无寸铁的女人孤身走进李存孝的城池中，是一件非常冒险的事，如果李存孝拿她做人质怎么办？之所以敢于冒着生命危险走近李存孝，一是为了把他劝回来保住一个英勇善战的好将领，二是为了尽快结束战斗别自相残杀了。刘氏凭着自己平时的威望和善于做思想政治工作的功底，很快就把李存孝拿下了。李存孝举着白旗乖乖跟着她走出城，那场景极具震撼力，刘氏步伐坚定目不斜视，她算得上真正的女中豪杰。后来让她感觉对不起李存孝的是，她没有保住他的命，在上上下下严惩叛徒的呼声中，为了严肃军纪，平息众怒，李克用下令将李存孝车裂处死。

她的性格是刚柔兼济，她有男性般的阳刚，更有女性的柔情似水，因为自己没有孩子，所以对小妾们生的孩子，她都当做自己的亲骨肉，她的博爱温暖着情敌们的心，所有的小妾们都把她当做知心人，特别是她们心目中的英雄李克用逝去之后，英雄已逝，一群未亡人必须同仇敌忾更加团结一心，家里的女人们都把她当做主心骨。

李存勖当上皇帝后，尊自己的亲妈曹氏为皇太后，刘氏被尊为皇太妃，这对于她来说已经蛮重视了。但是李存勖的老妈曹氏觉得这还远远不够，儿子在洛阳建立了首都，把亲妈接到身边，刘氏留在了太原，离开了老姐姐，曹氏非常不适应，郁郁寡欢地让儿子去把刘氏接回来。李存勖嘴上答应着，阳奉阴违就是不付诸行动，他大概觉得自己已经很给刘氏面子了，老爸这么多女人，如果都照顾得面面俱到是不现实的。

刘氏真的老了，她已经不再是当年飒爽英姿驰骋疆场的女子了，她老眼昏花，行动迟缓，常年卧病在床，在废都太原孤独寂寞地走着人生最后的时段，她经常会忆起过去的时光，忆起和李克用以及他的美女团队曾经的美丽和辉煌，当她意识到自己的生生死死已经对这个世界不存在任何意义的时候，她在平静中阒然逝去。她不知道，她逝世的消息让曹氏悲痛万分，曹太后进入深度悲伤中，想起来就痛哭一场，哭了十几天，因为伤心过度，居然也追随自己的好姐妹到黄泉之下团聚去了。

本来应该是一对水火不相容的情敌，却把关系搞得比闺蜜还闺蜜，古代女人是什么材料炼成的，读历史，很佩服古代这些知性包容大度的女人，好女人一盏灯，不但照亮了自己，也帮助周围的人看清眼前的路。如果遇上太平盛世，如果能实实在在做一任皇后，刘氏一定是更加了不起的女人。

2 从灰姑娘到后宫女强人
——后唐庄宗李存勖之父李克用的曹皇后

唐末大将军李克用虽然从小瞎了一只眼，却从来没有影响过他寻找美女，一目了然，大概比两只眼睛看得更准一些。时局混乱的五代十国，男人们的战来战去，一是为了江山，二是为了美人，获取江山是为了有机会和条件猎艳更多的绝代美色。

这个时代的男男女女都活的很现实，及时享乐成为主流观念，男人们即使靠打打杀杀当上了皇帝，也是岌岌可危，自己的政权随时都有可能被别人推翻，不趁着在位的时候多找几个美女，有朝一日被人家篡了权专了政，后悔都来不及。

乱世的女人们不像和平年代，有闲心找什么高富帅男人，她们找的是靠山，哪个男人肩膀坚实可靠，就找哪个。每个时代的爱情因了时代背景的不同，都会有稍稍不同的价值取向，五代十国的女人们可以不在乎男人的容貌，可以不在乎男人的脾气秉性，但是，必须要在乎这个男人是不是够阳刚，是不是可以保护自己过上安逸平静的生活。

同样是乱世的南北朝，女人们的爱情观似乎就不是这样。南北朝时期也有过一个一只眼的皇帝梁元帝萧绎，他的老婆徐昭佩，就是那个历史上著名的"徐娘半老"的风韵女子，在梁元帝到她的宫院临幸她的时候，故意给自己化了个半面妆，半边脸涂抹的花红柳绿，半边脸素面朝天。当然，这个徐娘一定是貌美如仙，不过，再美的仙女装饰成这样也挺吓人的，特别是夜晚的烛光中，着实有些恐怖的妖魅气。梁元帝萧绎知道她是在嘲笑自己的独眼，言外之意是，面对一只眼的男人，给你半面妆足够你看的了。

李克用的女人们没有一个敢这么跟他开玩笑的，她们考虑更多的是其他利益。因为利益和所谓的爱情驱使，女人们对他的这点缺陷忽略不计。

太原女孩曹姑娘从得知自己要成为李克用的新娘的那一刻开始，就没有想过自己嫁的这个男人身体是有缺陷的。那时候李克用已经是晋王了，就驻守在太原，在太原所有女人们心目中，晋王就是她们崇拜的大英雄，口口相传的宣传作用，并不逊于今天的全媒体宣传。因为有这个前提，小地主或者小业主出身的小女子曹氏得知自己很荣幸地被选中做李克用的小妾的时候，她兴奋得吃不下睡不安，觉着自己是这个世界上最幸福的人了。

在电视媒体时代，李克用这个级别的官员肯定是天天在地方电视台屏幕上以要闻形式和观众见面，平民百姓早就知道自己的父母官几只眼睛几个脑袋。一千多年前那个时代，李克用没有什么出镜曝光的机会，太原人民根本不知道有西域血统的地方官员李克用究竟是什么模样，小道消息流传他只有一只眼，一只眼的鲜明特色反倒成了李克用有别于一般人的标识，知道为什么这个横空出世的大英雄与众不同吗？因为人家别具特色，睁一只眼闭一只眼。曹氏从一开始就没有在意过李克用的眼睛问题，既然爱英雄，就不要在乎他是否完美，就不要在容貌等细节问题上纠缠不清，美女爱的就是有缺陷的英雄，在别人身上这是缺陷，在英雄身上这就是个性。

李克用挑选女人虽然不可能像当朝皇上那样普天下海选秀女，但是，在他的领地搞地下选美活动，选出来的拔尖佳丽未必比皇宫里的逊色。曹氏是继原配夫人刘氏之后的第二个女人，她所具有的是娇而不艳的美，是同性异性都很认可的美。作为晋王府第一妾，能讨得李克用的喜欢很容易，能讨得李克用第一夫人刘氏的喜欢难度系数太大了。

准确地说，刘氏对曹妹妹不是喜欢，是欣赏，是女人对女人的欣赏。最初，她对这个插入她和丈夫之间的女人也许有过丝丝缕缕的醋意，但是随着曹氏走进他们共同的生活中，她发现这个小女子美丽善良，善解人意，并无意要夺取一把手地位。小地主或者小业主出身，在晋王府，这就算是出身很低贱了，也许因为她感觉自己是出身卑微的灰姑娘，做事总是低调谨慎，小心翼翼地据守在自己的位置上，对刘氏也很尊重，总是看她的眼色行事，让人无形中生出怜爱之情。

这个秀气温顺的妹妹没有给刘氏的地位造成威胁，让刘氏很安心，也让她们共同的老公李克用感觉幸福快乐。李克用左右逢源，不知道用了什么手腕，让两个女人都感觉他很爱自己。在驾驭女人方面，古代的男人比现代男人更有手腕，三妻四妾的社会大环境，让他们总结出了一套控制治理女人的经验和技能，从心理和情感上，他们能同时周旋于若干女人的情感之中，进退自如。

古代女人们在婚姻爱情上往往很矛盾，嫁给一个有本事的男人，将来一定会娶回 N 个女人，你必须要忍受和他人共享一个丈夫，分割一份爱情的痛苦；嫁给一个没出息的男人，虽然情感上相对完整一些，但是可能要过一辈子苦日子，何去何从你自己掂量吧。

刘氏和曹氏既然甘愿嫁给李克用这种成功男人，当然有足够的心理准备要擎起一份不完整的爱情。为了争夺爱情，倘若女人和女人之间互相残杀，最终一定是两败俱伤，刘氏和曹氏都是聪明女人，她们明白这个道理，在曹氏嫁到晋王府没多久，她们就迅速结成了同盟军。

曹氏比刘氏幸运，她过门没多久就怀孕了，而且生下一个儿子，就是后来建立了后唐政权的李存勖。按说，古代讲究母凭子贵，晋王府有了儿子的曹氏完全可以耍大牌了，因为有了儿子李存勖，她已经不是灰姑娘了，而是小王子的妈妈，她生的这个男孩将来是晋王府的接班人。不论在李克用的心目中，还是在晋王府其他人的心目中，曹氏的地位在不断攀升。一般女人在这种状态下很难做到低调，你想低调，大家一齐推着你往高处走，让你想低都低不成。

真不知道曹氏是什么特殊材料做成的，她居然能宠辱不惊，一如既往地保持一贯的低姿态。她低调做人，在低调中修炼自己，低调做人不单单是一种姿态，还是一种气质风度和修养，有这种品格和胸怀的女人，让人敬仰。也许从这个时候开始，第一夫人刘氏对这个新来的小妾更加另眼相看了，她甚至在李克用面前表扬曹氏：依我看，曹姬这个人不是一般的女人，老公一定要好好对待人家。

当一个女人在男人面前为另一个女人邀宠的时候，说明她们的关系不是一般的铁，也说明这个推荐者是一个深明大义的女人，把自己的男人推进另一个女人的寝宫，这是什么精神？爱情上的大公无私考量了刘氏的胸怀，也让李克用一生对这两个女人宠爱有加，不论后来晋王府又收罗来什么样的美女，都没能撼动她们两个人的地位。

保住了曹氏，等于保住了自己，刘氏有女政治家的头脑。

依靠着第一夫人大姐大刘氏，自己的第一妾位置任何一个小妾都爬不上来。曹氏有极品女人的精明。

一生戎马生涯的李克用性格暴躁，手下的官员一旦工作上有失误，必须重刑严惩，搞得上上下下没有人敢对他说不。只有回到太原晋阳宫曹氏的身边，他才有了一些古道柔肠，趁着这个时候替那些被惩罚过重的官员们求求情，说说好话，成了曹氏的一项份外工作。也正是因为她拯救过不少人，为自己挣了个好人缘儿，以致后来李克用死后，在这纷杂的政治风云中，她能借着自已的威望替儿子争来晋王位。

李克用死得很突然，正当狼烟四起的征战中，他突然得了急病，一代英雄匆匆而去，那年他不过五十三岁，知道自己已经到了生命尽头，他口授起草的最后一个文件居然是他死后的丧葬标准，一是要薄葬，二是发丧之后二十七天孝子们就可以除去丧服，该干什么干什么，因为形势危急，没有时间隆重地让大家为他守孝。

李克用的女人和孩子们含悲忍泪答应了，并认真贯彻落实他的指示精神，简单的丧葬仪式之后，男儿们金戈铁马又投入到讨伐朱温以及契丹的战斗中。

李存勖是李克用内定的接班人，他继承晋王位应当是毫无争议的事情。

古代在政权斗争中，是不讲究道理和规则的，成者王侯败者贼，谁掌握了政权，谁就是硬道理。李存勖继承老爸的晋王位，他叔叔李克宁首先感觉到了不舒服，他不舒服的理由是，这个官位本来是自己老爸李国昌的，传给哥哥李克用的时候他已经老大不高兴了，皇帝轮流当王位轮流坐，凭什么我就不能当晋王？光是一个李克宁也掀不起太大的浪花，李存勖的弟弟李存颢不断给他煽风点火，鼓动他把王位抢过来。不要误会，李存颢不是李存勖的胞弟，甚至一点血缘关系都没有，他只是李克用的养子而已。李克用一辈子最大的失误就是不会识人用人，他自以为最铁杆的养子们，号称江湖侠士十三太保，但是李存信的三心二意，李存孝的叛逆，李存颢的背叛，以及后来李嗣源的谋反，这十三太保反倒变成了威胁李克用父子的严重隐患。

李克宁加李存颢的叛乱组合迅速行动起来，明目张胆商量谋反的事。刚刚登上晋王位置的李存勖被这突然冒出的组合搞懵了，刘氏虽然是曹氏的好姐妹，李克用死后，她说话已经不好使了，此时曹氏只能坚强起来，要靠自己的力量扭转局面。她使用的招数依然是很女人化的柔性手腕，女人最柔弱最打动人心的武器就是哭，重要的是要选对哭诉的对象。曹氏选准了李克用最信任的执政官员张承业，在他面前哭得梨花带雨，诉说李克宁怎么不是东西，李存颢怎么忘恩负义，还说我们娘俩实在不行离开这个地方，把王位让给他们不就得了，犯不着连命都搭上。

女人的泪一滴就碎，这泪水的力量，比她说一车好话都管用。另外，当初李克用活着的时候，她也没少为张承业开脱，她的好，人家老干部张承业都记着呢。他没有当面承诺她什么，却暗自行动，让李存颢、李克宁从人间悄悄蒸发了。李存勖的王位保住了，但是这哥们一旦屁股坐稳了，就像彻底变了一个人，开始不务正业酗酒、赌钱、捧戏子。对曾经为了自己的江山社稷立下汗马功劳的张承业，他也并不知道感激，甚至喝点小酒借着酒劲还羞辱过张承业，曹氏听说不争气的儿子闯祸了，冒犯了老干部张承业，立即派人去叫李存勖跑步来见自己，李存勖一听就知道哪儿错了，先给张承业磕头道完歉才去见老妈。

曹氏训完儿子，亲自带着儿子上门给张承业道歉。作为一个女人，她做事已经很到位，但是李存勖最后还是把这个一根筋愚忠的老同志张承业活活气死了，李存勖要当皇帝，思想僵化的张承业觉得咱们打江山是为了大唐帝国，怎么能学习朱温呢，这个皇帝还是不要当吧。李存勖把他的话当耳旁风，七十多岁的张承业哭哭啼啼不吃饭，生生抑郁死了。死后，大家都觉得这老头傻兮兮的，何苦呢？

当上皇帝的李存勖彻底变成了玩乐皇帝，现在江山是自家的了，想吃什么吃什么，想玩什么玩什么。玩什么才过瘾呢？他给自己选了个最好玩的爱好，当戏剧票友。当票友本来是业余爱好，李存勖一不小心把业余和主业搞颠倒了，他把主要精力都用在和戏子们研究讨论演艺工作上，把皇宫搞得像个戏班子。身为皇上，他和戏子们打成一片，一点尊严都没有，曹氏现在已经是皇太后了，为了儿子，更为了国家社稷，她非常着急，经常敲打敲打。现在李存勖已经是皇上了，老妈的许多话他基本上都放在心上，只有劝他远离戏曲艺术这件事，他丝毫没改变过初衷。也许，李存勖天生就是唱戏搞艺术的材料，把他推上皇帝这个岗位本身就是一个错误。

已经当上皇太后的曹氏一点都不快乐，从太原跟着儿子迁到洛阳的新皇宫里，她郁郁寡欢的，经常回忆当年李克用在世时候的快乐时光。儿子不热爱本职工作，不好好当皇上是她不快乐的一个原因，还有一个原因，她非常想念好姐妹刘氏。李克用活着的时候她们就没有什么间隙，自从两个人一同变成小寡妇，就更加同病相怜了，一起生活了几十年，她们之间的感情已经是浓浓的姐妹情了。

当初李存勖封曹氏为太后，封刘氏为太妃的时候，曹氏就觉得很对不起刘姐姐，人家毕竟过去是第一夫人，现在屈居自己之下，真是挺不好意思的，但这事她做不了主，只能更加呵护关照刘氏来补偿一点，自我安慰。后来离开太原的时候，曹氏告诉刘姐姐，你等着啊，我先到那边去看看，过些日子就让儿子来接你。没想到此一去就变成了她们的生离死别，李存勖根本不顾及老妈的感受，始终没有把刘氏接过来。

两年后，刘氏在孤独寂寞中病死在太原，消息传到洛阳，曹太后非常自责，觉得都是自己不好，没有实现当初的诺言，让刘氏孤苦伶仃的死在了远方。她从知道刘姐姐去世的消息那天开始就伤心哭泣，直到把泪水哭干了，她抑郁虚弱到了极致，在刘氏死后没多久，就死在了长寿宫，李存勖本来是想把老妈接到这里让她长寿，没想到反倒害了她。

女人之间的义，女人之间的友情，似乎更加纯真，女人一生也要有几个可以掏心掏肝的好姐妹，遇到困惑迷惘的时候，一个人为另一个人指明方向，伤心落寞的时候，有人陪你在一边落泪，快乐的时候，有人和你一起傻笑分享。曹氏和刘氏以情敌的身份变成好闺蜜，让人由衷地感觉，当女人胸怀宽广的时候，原来比男人还大气。

3 坏女人是这样炼成的
——后唐庄宗李存勖的皇后刘玉娘

五代十国李存勖的皇后刘玉娘是世人公认的坏女人。这个坏女人坏得很独特，她不仅仅是妖艳，不仅仅是风情，她蛊惑皇帝的招数比古代一般的所谓坏女人更先进前卫，她既有传统坏女人的贪得无厌和阴险毒辣，又有现代坏女人的强势独立和武断专行。

她有着文艺女性的表演才能和商界女性的经营头脑，作为皇上的老婆，唯独缺乏应有的政治意识和大局意识，这也恰好是国家覆亡后，史学家们把屎盆子扣到她头上去的最重要的原因。

她浑身上下散发着坏女人的危险气息，人们都认为这是一个不折不扣不择手段的坏女人。她坏得透明而醒目，不用费劲去识别，其实只要你睁大眼睛，一眼就能看出来这是个坏女人。

但是，李存勖却备加宠爱她，把她当成心肝宝贝。即使最后死在了她的手里，也无怨无悔。

李存勖虽然坐上了皇帝的宝座，实际上不过是个一般男人，一般男人对坏女人没有防御能力，李存勖当然也无法拒绝很美很个性很具魅力的刘玉娘。

世上没有天生就坏的女人，刘玉娘也是一步步成长为后来这个样子的。

小时候的刘玉娘，不过是个很可爱的乡村女孩，出生在河北大名府，战乱使这个小女孩流离失所，也给了她改变命运的机会。刘玉娘的妈妈在动荡的岁月早早死去了，剩下刘玉娘的老爸刘山人带着五六岁的女儿刘玉娘到处流浪。刘山人养家糊口的职业是行医和算卦，在古代，行医兼算卦是一个很热门的行业，据说是以阴阳五行学说为理论基础，很唬人的。虽然这个行当的人十有八九不靠谱，基本上靠指天画地口吐莲花的行骗挣个小钱儿，但是毕竟比直接当乞丐脸面上要好看一些。刘山人属于半路出家的自学成才，还没走进去就被挤出来了，所以他后来其实就是个要饭的，带着女儿走东家串西家的讨饭生涯，让刘玉娘从刚刚懂事起就在人生的底色上留下浓重的羞辱的阴影，后来，刘玉娘的一生都在为摆脱这个阴影而不惜一切手段努力。

时局越来越动荡，刘山人准备带着女儿离开这乱纷纷的地界，找个安定的地方讨生活，半路上遇上了攻讨后梁的袁建丰。袁司令是李存勖手下的将领，以军纪败坏著称，一看蓬头垢面的刘山人手里牵着一个俊美的小女孩，就让人把刘玉娘抢过来。袁司令抢人抢钱轻车熟路，这是他的习惯性动作，看到美女不抢到自己手里心里不舒服，但是这么小的美女抢回来实在是麻烦事，还要办幼儿园找人哄着玩儿，太麻烦，等把她养大了自己还能不能在这个世界上找得到都难说，倒不如顺手再抢回一个马上能用的美女划算。他灵机一动就把刘玉娘当礼品送给李存勖的老妈曹太后了，告诉曹太后给她找了个可爱的小婢女解闷儿。

曹太后一看这小女孩确实秀美可爱，笑纳了，想来想去，觉得让她去学吹笙歌舞之类的表演技艺比较合适，于是，直接送到了晋王府歌舞团去进修学习。

袁司令的这一抢和这一送，让一个乞丐女孩的命运来了一个急转弯。她从此不用四处流浪到处乞讨挨冻受饿了，而且有新衣服穿，还被送到最专业的地方学习唱歌跳舞。刘玉娘的悟性很强，从那群艺人身上，她学来的不仅仅是高水平的演艺技能，还有高水平的投机钻营以及玩潜规则的技能。把舞台上的表演和生活中的表演技能都学得炉火纯青了，这个小女孩也渐渐长大了。

刘玉娘的第一坏是她巧于看风使舵，没有机会给自己创造机会。

刘玉娘非常清楚怎样才能把曹太后逗乐，她看她的脸色，什么时候唱什么曲，什么时候说什么话，她的娇媚和乖巧俘虏了仁慈宽厚的曹太后，女人也喜欢美丽养眼让自己开心的女人。闲来无事她经常给曹太后唱上两曲儿，碰上王府有小型招待酒会，她也会即兴表演一下。过去的若干年，她作为曹太后的贴身女服务员，应该有许多接触到李存勖的机会，只是李存勖对这个小女孩没有动过别的心思，直到某一次的宴会上，刘玉娘混在一群歌女中间一起唱歌伴舞，经过化妆打扮之后她在这些女孩子中间显得鹤立鸡群，她看李存勖的的眼神是具有挑逗性的、一般小女子所不曾拥有的，一下子吸引了李存勖的眼球，哦，原来老妈身边这小女孩这样漂亮性感且有才啊。李存勖喜欢这个小女子那充满缓慢诱惑的魅力无穷的眼神，就张口向老妈讨要，说想把她弄到自己那边去。

儿子喜欢的女孩，曹太后当然舍得送他。刘玉娘当即跟着李存勖回到他的王府，这突如其来的幸福让她兴奋得双颊绯红，她憧憬过无数次未来的幸福生活，也不过是将来能有机会被哪个大臣娶回家当小老婆，没想到一下子变成了晋王的女人。

在自己之前，李存勖已经有几个女人了，姓韩的第一妃子，姓伊的第二妃子，还有侯美人之流的一系列编制内的女人们。如果论资排辈，她这辈子都进不了前三名，必须使出手腕让自己的位子不断靠前。和这些女人们比，比出身她连贫农都算不上；比学历她不过是歌舞团插班进修生，基本上没学过文化课；比姿色，能被李存勖看中的女人哪个都是绝代佳人，人家那些美女比她更优雅有气质。她比她们有优势的地方一是会唱戏跳舞，二是从小从事女服务员工作，知道怎样看领导的脸色行事，什么时候用什么手腕哄领导高兴。李存勖不是喜欢歌舞戏曲吗，那我刘玉娘只要充分当好戏子就足够了。她把过去一起进修学习时的戏友们组织起来，重组了一个后宫歌舞团，专门排练李存勖喜欢的节目。刘玉娘亲自上阵，担任主演兼编剧兼导演，她粉墨登场下尽功夫，李存勖为她的另类作风所迷恋，和前面的那些女人比较，她风情大胆，没有乖乖宝守则，李存勖喜欢这样的女人，对其他女人开始忽略不计，特别是刘玉娘生下儿子李继岌之后，立即被封魏国夫人，刘玉娘的被宠爱指数直线上升。

刘玉娘的下一步工作是排除前面一个个障碍，直取皇后的位置。此时，打下天下的李存勖已经对外称帝了，正为让谁当皇后左右为难，趁着排在前边那两个傻女人互相较劲的档口，她买通了宰相豆卢革和枢密使郭崇韬，一路绿灯绕过去，把那两个女人远远甩在后面，稳稳坐在了皇后的宝座上。等韩夫人和伊夫人明白过来，只剩下偷着哭的份儿了。

刘玉娘的第二坏是六亲不认，如果妨碍了她的利益亲娘老子也是陌路人。

一对儿戏迷皇上皇后夫妻档，从此把皇宫折腾得更像戏班子，进进出出陪伴他们左右的是皇家歌舞团的台柱子们。不明身份的女人刘玉娘当上了皇后，宫廷内外关于她的身世小道消息很多，刘玉娘那位行医兼算卦兼当乞丐的老爸刘山人也听到这个消息，知道当上皇后的这个女人应当是自己当年被抢走的女儿，就直奔京城洛阳，到皇宫门前来认女儿。

守卫不敢怠慢，万一来的这乞丐模样的老头真是皇上的老丈人呢，赶紧如实上报，李存勖让人找到老眼昏花的袁司令，让他去辨认一下外面的人是不是刘玉娘的亲爸，袁司令虽然抢过无数美女，但是对当年抢刘玉娘的记忆很深刻，他偷偷看过门外的老头，说很像。李存勖赶紧让人把这个好消息告诉刘玉娘，你亲爸找上门儿来了，就在宫门外呢。

正沉浸在刚当上皇后美梦中的刘玉娘被突如其来的消息搞得心烦意乱，与亲生父亲失散二十多年了，她几乎已经忘记了自己还有那样一个乞丐老爸，这些年来，她极力想忘掉自己贫贱的身世，现在居然有人来皇宫认女儿了。不管外面的人是不是自己的亲爸，都不能认，认了等于承认了自己的贫贱家庭成分，将来自己档案的家庭成分一栏会赫然写上贫雇农，一旦这个成分被确认，她的底气就永远没有了。她用女人少有的铁石心肠冷漠地告诉来传递消息的人：那个人是冒牌货，我亲眼看到老爸死去的。把这个诈骗犯重打一顿，看他还敢不敢再来无理取闹。

刘山人被暴打一顿后，知道女儿已经不想认他这个无能的亲爸了，只能含泪离开京城，从此再也没有出现过。

一个连亲娘老子都可以不认的女人，还有什么事情她做不出来呢。

刘玉娘的第三坏是唯我独尊，吃醋的水平是天下一流的。

坏女人一般都自私，自恋。在她的人生辞典中，没有亲情、人情之说，不管是什么情，一旦妨碍了她的利益，一律要为她让路。李存勖已经体味到了刘玉娘的冷酷和厉害，一般情况下不敢招惹她，也不敢往后宫引进新的美色，偶尔把持不住犯了一次规，被刘玉娘发现，立即特事特办。刘玉娘通过暗地的清君侧运动自以为已经把皇帝身边的小狐狸精小妖女们清理得差不多了，突然有小道消息说某某美人某一日生下一个儿子，让她粉面失色，非常自责自己的严重失察行为。她不动声色地寻找机会怎样收拾这个妖女，那女子大概知道自己已经得罪到皇后，小心翼翼地蛰伏在自己的卧室不敢随便出来惹事。此后的日子貌似很平静，但在平静的背后，刘玉娘一直在寻找一切报复的机会。不久的一个晚宴上，李存勖请手下的官员喝闲酒，大将军元钦酒酣之时，提起自己刚刚去世的妻子，心情沉郁，李存勖安慰他："别难过了，哪天我替你物色个美女当续房。"坐在一边的刘玉娘马上接着说："依我看这事还是特事特办，今天就找个合适的女子送给元将军吧。"说完立即让人把为皇上生下儿子的那个美人叫到跟前，用眼睛的余光看着李存勖，对元钦说："元将军你看这个女子合适吗？"

宴会的场面一下子变得非常尴尬，元钦僵在那里不敢说合适，也不敢说不合适；李存勖明白醋坛子刘玉娘这是在将自己的军，如果他说个不，刘玉娘没准就敢悄悄让这个女子在人间蒸发，自己从此再也没有好日子可过；那个被叫过来的美人眼泪汪汪怯怯地站在那里，她知道自己在皇宫的日子已经到头了，没了自己的呵护，刚出生的小儿子不知能不能侥幸活下来。刘玉娘观察着众人的表情，用戏台上的腔调说："这都怎么啦，好事啊，大家都不说话看来就是没意见，马上备车，把这美女送到元将军府上。元将军，记着办婚宴的时候请上皇上和我。"

李存勖不敢正视刘玉娘犀利嘲讽的目光，也不敢看那个女子哀怨无助的眼神，他只能大杯喝酒，直到让自己大醉。一个皇上，连给自己生过儿子的女人都保护不了，最后眼巴巴地看着她被送到大臣的床上，窝囊啊。

刘玉娘的第四坏是贪婪无度，不惜一切手段聚敛钱财。

都说刘玉娘是天下第一富婆，这个天下第一的招牌不是假的。作为国母，天下都是他们家的，还用得着挖空心思往自己手里搂钱吗，大概刘玉娘是逃荒要饭的出身，从小穷怕了，手里没有实实在在的钱过着不踏实，所以一旦有了机会，就狠命敛财。她有几个敛财渠道，一是国家税收，一半归国家财政，一半归皇家内府库，这内府库由刘玉娘亲手执掌着，钥匙拴在她自己的裤腰带上，想怎么花就怎么花。二是利用皇后的特殊身份，办了一个大型贸易公司，派出大批员工到全国各地开办分公司，并注册了一个"玉娘牌"商标，表明这是皇宫御用产品，买卖当然比一般小商户好做。搁到今天刘玉娘应当算商界女强人，那个时代，她的行为不但扰乱了市场经济秩序，还败坏了后唐政府名声，属于腐败违纪行为。第三个敛财之道就是把国内有钱的大亨大款都认成干亲，皇后都认你当干爹了，你能好意思不掏钱给干女儿表示表示吗？钱少了你拿的出手吗？

刘玉娘的第五坏是克扣军饷，扰乱军心。

刘玉娘把国家的钱都扒拉到自己手里，最后搞得皇家近卫部队都没饭吃了，大家差不多都要丢下手里的刀枪武器，换成打狗棒拉家带口出去要饭了。李存勖这个皇上整天醉心在舞台上唱戏，他的皇家歌舞团成员个个油头粉面的，他根本不相信皇家卫队会吃不上饭，卢宰相找他说这件事的时候，他正准备上台唱戏，一边描眉画戏妆一边有一搭无一搭地说，钱的事别找我，找皇后去。

卢宰相战战兢兢对刘玉娘说钱的事，刘玉娘一听，冷笑着说："你有没有搞错啊，我哪来的钱？现在我们家穷得快揭不开锅了，你等着，我把我这里最值钱的东西给你拿来，看看能凑几个钱发军饷。"她转身回了自己房间，拿出来一个破梳妆盒、两个银盘，还带过来她和李存勖的三个孩子，把东西往地上一摔，孩子往宰相跟前一推，就差撒泼打滚了："我屋里就这点破烂儿和这三个小屁孩儿了，你一起卖掉吧，看能凑几个钱，拿去发军饷。"卢宰相哭笑不得，本着好男不和女斗的原则，悄悄溜走了，他真正见识了皇后的泼妇嘴脸。

刘玉娘这种不计后果的贪婪，最终导致当国家发生叛乱的时候，皇宫的护卫军都躲了起来，没有人肯出面保卫皇上。

刘玉娘的第六坏是谋害亲夫，与人私通。

皇上皇后一个忙着唱戏，一个忙着做买卖挣钱，当发动政变的赵在礼、李嗣源逼近京城的时候，李存勖才跳下戏台仓皇逃命，他最信任的亲信郭从谦此时趁火打窃，一箭射中李存勖要害，他拔下箭头已经奄奄一息，如果此时有人好好护理，或许他还能保住条性命。刘玉娘大抵觉得带着这个重伤的累赘逃跑，谁都无法逃脱活命，索性给李存勖喝下一碗"酪浆"，据说箭伤最怕的就是喝酪浆，只要喝下去必死无疑，李存勖喝下那碗"酪浆"，果然马上就归西了。有的坏女人很残忍，但是像刘玉娘这样残忍的，实在是不多。刘玉娘顾不上埋葬李存勖，就匆匆逃走了。那帮皇家歌舞团唱戏的还算义气，把随身带出来的乐器凑到一块点了把火，用乐器把李存勖火葬了，这奇特的火葬倒也不枉李存勖爱了一辈子戏曲艺术。

刘玉娘带着细软，跟着小叔子李存渥逃出洛阳城，向太原方向逃窜。李存勖已经死了，她必须找一个男人当靠山。李存渥未必可以靠得住，不过眼下只有这一个男人在身边，必须牢牢把握住。坏女人一般都自己掌握自己的身体，刘玉娘把握住李存渥的手段就是陪睡，做他的情妇。她的狐媚李存渥根本拒绝不了，轻而易举两个人就有了绯闻，只是这场露水恋情非常短暂。已经篡夺了皇位的李嗣源早就派兵在太原候着他们呢，还没进城，李存渥就被杀掉了。

刘玉娘侥幸逃脱了，想隐姓埋名到尼姑庵度过余生，但是，她已经不再是当年逃荒要饭的小女孩，已经不能再忍受寂寞冷落低调的生活，她大把花钱，高调炫富，坏女人一般都这样，她们喜欢过潇洒、快乐、无拘无束的生活。对这个来路不明的富婆，不管你换了什么网名，通过人肉搜索总会有人能认出你。太原方面查出这女人就是刘玉娘，新皇上李嗣源下达指令：赐死。

刘玉娘的生命终于走到了尽头，她无奈而从容地接受了死亡。或许，当赴死的那一刻，她对自己的一生有过回顾。她知道自己是很坏很坏的女人，因为这无可救药的坏，她其实从来没有快乐过，但是她无力改变自己，因为坏是一种毒品，容易让人上瘾的，她戒不掉自己的坏，活着是不让人喜欢的坏女人，千秋万代之后，她依然是历史上比较著名的坏女人。

4 史上最不摆谱儿的低调皇后

——后唐明宗李嗣源的曹皇后

李克用老婆团队中有一个曹皇后，他的干儿子李嗣源也有一个曹皇后，这两个姓曹的女人有没有亲戚关系历史上没有记载，这两个女人性格中有一个共同特点，就是都比较包容大度。特别是李嗣源后宫里的曹皇后，过于低调了，低调的不像个皇后。

曹皇后不是国色天香，年轻的时候也没有倾国倾城的容颜，所以，她一直不是李嗣源最喜欢的女人。有的史料中说她是原配，有的说她是小妾出身。

如果是原配，一定是在李嗣源当初还没混出头绪来的时候，饥不择食，随便娶回家的女人，对这个黄脸婆，李嗣源根本说不上喜欢或者不喜欢，她只是他屋里的孩子他娘，是一个必不可少的物件。对于他比较喜欢的夏美女和后来爱得死去活来的花见羞，就是另外一番情致了。

如果是妾，她或许曾经是夏美女的使唤丫头，虽然貌不惊人，但是脾气好，温柔贤惠，冲着她的这些优点，主子也有可能收了她做通房大丫头，盼着她多生几个儿子，为传宗接代增加力量。不过，她的肚子并不怎么争气，只生了个女孩就再也没有动静了。这个女孩儿就是永宁公主，长大后嫁给了石敬瑭，成为后晋的第一位皇后。

曹皇后是个没有特点的女人，男人最不喜欢的就是没有特点的女人，一个女人，哪怕丑一点懒一点刁一点，只要你比较个性，时刻提醒你的存在，让男人关注你，他就不会轻易把你遗忘掉。曹皇后做任何事情都是悄无声息的，在平淡和沉默中，李克用经常会遗忘掉这个女人。渐渐地，李嗣源习惯了对她的遗忘，曹皇后也习惯了被遗忘。

一个被遗忘的女人，静静生活在角落中，在尔虞我诈的贵族大家族女人之间的争风吃醋斗争中，她是边缘化人士，没有什么风浪可以波及到她，她反而生活得很安宁，时光荏苒，和她共侍一夫的女人们在争斗中慢慢变成了残花败柳，甚至，夏美女没有看到胜利的曙光就香消玉殒连命都搭进去了，曹皇后还全须全尾地活着，当然她也凋零得更加不成样子了，不过和曾经美若天仙的残花败柳们比较，她现在和她们已经旗鼓相当了，这个相貌平平的女人年轻的时候漂亮不到哪里去，现在也丑不到哪里去，老天对女人是很公平的。

李嗣源和许多成功男人一样，利用自己的身份和地位，即使已经有了一大把年岁，也不放过任何一个猎艳的机会。对于在丈夫墓地上守坟的美丽小寡妇花见羞，没等到人家丈夫坟头的土被风吹干，就连哄带抢地弄回自己手中。值得曹皇后庆幸的是，这个新来的小女子是个明事理的人，虽然比她的女儿还小很多，却练达开朗，从来不斤斤计较，这一点和曹皇后有点儿像，所以，她反而很喜欢花见羞，遇上事也爱找她商量。

曹皇后一生中最辉煌的一件事就是在平定 926 年的魏博镇叛乱事件中，她的镇定自若，泰然处之。按理说平定叛乱没有女人的事，李嗣源已经按照中央首长的命令出征了，出征之后，他借着平叛的借口，自己也叛乱了，倒戈攻打刚刚当上皇帝底气还不足的李存勖。李存勖也有他的办法，他派兵直取李嗣源的大后方，把他的老婆孩子都控制住了，你李嗣源只要敢攻打我李存勖，我就让你的老婆孩子都走上祭坛。曹皇后是那帮老婆孩子团队中最资深的女人，虽然李嗣源平时不拿她当回事儿，软禁他们的皇家军队却认定这个年岁最大的女人一定是在这群人中最有威望的，所以，把矛头直接指向她，让她派人给李嗣源带口信，不要与中央政府为敌。既然人家皇帝派来的人这样拿豆包当干粮，曹皇后也不好不拿自己当碟菜，她充分发挥自己性格中不紧不慢，永远不会着急的特点，和他们软磨硬泡，永远保持微笑，永远不温不火，为自己争取了时间，等到了李嗣源派来的救兵，把他们全部营救出去。

事后大家都说，多亏了曹皇后这温和的性格，换做任何一个人，早就把对方逼急了，他们一家老小早就一命呜呼了。

搞叛乱篡夺政权是男人的事，女人们一般无法参与意见，一旦政权夺下来，自己的男人披挂整齐坐上了皇帝的宝座，女人们就不能无动于衷了。按照五代十国的惯例，新上任的皇帝在夺取江山的同时，也会把前任后宫储藏的美女们挑拣一些顺眼的，划归自己名下，日后供自己享用。在这一点上，李嗣源是个好男人，他把李存勖的所有女人都打包遣散了，限定时间让她们离开后宫该干嘛去干嘛，轰走了前任的女人们，他把自己的那些妻妾都塞进后宫，告诉她们，现在你们是这里的主人了，明个儿也给你们每个人弄个皇后贵妃之类的职称。

贵妃美人之类的都好分配，皇后只有一个指标，李嗣源眼下最宠爱的是花见羞，想把这个指标给她，花见羞断然拒绝了，她拒绝的理由是在宠爱她之前，李嗣源还有一个最喜欢的夏美女，本着先来后到的原则，这个皇后也应当先让死去的夏美女来做，这样显得公平。

死了很久的夏美女在坟墓里被追认为皇后，这是她做梦都不会想到的。追认完毕，李嗣源还是打算让花见羞当皇后，这次该曹皇后做梦也没想到了，花见羞依然让出了这个名额，她向李嗣源推举了曹皇后，说让曹姐姐来当皇后吧，她比我资深，比我更合适，

李嗣源起初还真没想过要让这个自己几乎想不起来的姓曹的女人当皇后，花见羞的话他也没有太当真，反倒是那些一心替国家利益着想的官员们明确提出来，不能让花见羞当皇后，在那些老朽们的心目中，年轻美丽的女人如果成为国母，没准就会成为赵飞燕、杨玉环之类的红颜祸水，所以，还是把一个老一些丑一些的女人放到那个位置上比较合适，从这一点上来看，曹大姐是最佳人选。李嗣源无奈地答应了，其实当上皇后的女人未必就是自己最宠爱的那一个，这不过是个对外的招牌，就听花见羞的吧，就按那些浑身棺材瓢子味道的老朽们的意见办吧，皇后的头衔给曹皇后。

对别人谦让出来的这个位置，曹皇后有些诚惶诚恐，她背后对花见羞说："我身体病病歪歪的，哪儿经受得住这繁重的工作任务啊，妹妹替我把持这点权利吧。"花见羞推辞说："我可不敢

篡姐姐的权。"

懵懵懂懂走上皇后位置，曹皇后并不适应，她这个皇后做得扭扭捏捏架手架脚的，说话还像从前一样的低声下气，做事还像过去那样低调，她不是有政治意图的要这样做，这是她的习惯和本性。但是局外人不这么看，他们觉得李嗣源的皇后选对了，人家一点都不摆谱儿，平易近人，朴实亲民，堪称史上最温和谦逊的皇后。

曹皇后并没有感觉出当了皇后之后增添多少幸福感，李嗣源过去对哪个女人好现在还是一如既往，她依然还是他弃之不用的女人。因为没有儿子，未来的皇位还是别的女人的儿子的，她就像一点浮萍，光鲜地漂在今天的水面上但终究会成为过去时，或者像一个戏台上走过场的道具。珍惜当下的每一天是她一贯的优良作风，她不是为了当好皇后而当皇后，即使她不是皇后，也会这样不紧不慢地生活下去。烧香礼佛是曹皇后每天的主要任务，在笃笃的木鱼声中，送走日复一日的寂寞时光，也送走了并不爱她的李嗣源。

李嗣源死了，不管是他儿子李从厚继位，还是养子李从珂继位，对曹皇后来讲都是一样的，谁当上皇帝她都是曹太后，她反正也不是他们的亲妈，她只有一个女儿，早已经嫁给了石敬瑭，天下是人家老李家的，和他们老石家没有什么关系。

但是，往往是你越认为没有关系的事，最终却是最有关系的。

石敬瑭和李嗣源一样，都属于少数民族沙陀族，喜欢读兵书研究军事，属于沉默寡言内心很酷的那种帅哥，带兵打仗很有一套，所以得到了李嗣源的赏识，把女儿永宁公主许配给了他。做了李嗣源的亲姑爷，石敬瑭的地位就和过去不一样了，他手里的权力越来越大，后来成为河东节度使，有了实权之后，欲望也就越来越强，他有些不满足于眼下的权力，也想坐到老丈人的那个位子上尝尝当皇帝的滋味。

老丈人去世之后，原本是小舅子李从厚当皇帝，石敬瑭即使有野心，也不好意思太张扬，虽然李从厚和自己的老婆永宁公主不是一个妈生的，因为拥有同一个老爸，也算是血浓于水。现在这个篡权的李从珂就不知道是哪儿的野种了，他不过是他老妈带犊子过来的拖油瓶，因为他老妈魏某某长得漂亮，李嗣源把这个二手女人抢回来，买一送一还带过来一个十几岁的孩子，这个孩子就是李从珂，后来杀掉了李从厚，自己当上皇帝。对没有任何血缘关系的李从珂，石敬瑭就用不着客气了，他先是发生兵变攻占了太原，把大晋的江山底色先涂抹出了模样，然后以太原为根据地，步步为营，向后唐的首都洛阳进发。

石敬瑭兵临城下，皇宫里的末帝李从珂带着曹太后以及自己的老婆刘皇后、儿子李重美一干人等抱着无价之宝和氏璧制成的玉玺，慌慌张张登上后宫的玄武楼，他们知道自己已经逃不出去了，到这个地方是准备自杀的，临死了还不忘记把最值钱的东西揣带上。刘皇后做事更绝，她一辈子从来没有干过活儿，死到临头了却卖命地往后宫抱柴禾，她是想把后宫的房子一把火点了，什么都不给石敬瑭留下。李重美悲切地看着要放火烧房子的老妈，低声说："算了吧妈妈，房子就不要点了，将来不论谁当皇上，都不会住在露天里，他们修建新房子还是要劳民伤财，既然我们都是要死的人了，就给老百姓留下点念想吧，说不定还有人会怀念我们。"

李重美劝他老妈的时候，花见羞也在悄悄劝曹太后："老姐姐，咱们还是躲一下吧，除了死就没有别的办法了吗？等姑爷打进来不会对我们下狠手的，毕竟那是我们的亲戚。"

曹太后抬头看看已经登上玄武楼的李从珂和正要登楼的皇后、皇子们，含泪对花见羞说："妹妹，我和你不一样，我自己的姑爷做出这种事，我怎么能抛下这些人苟且偷生呢？大家会怎么看我这个太后？要死我就和皇子皇孙们死在一起。趁乱你赶紧逃命吧，下辈子我们还是好姐妹。"

有人已经在楼下点起熊熊大火，曹太后穿过烟雾步态踉跄地缓缓登上玄武楼，她感觉自己确实是老了，连腿脚都有些不利索了。这种悲怆的自焚行动，是这些败为贼寇的人们的无奈，那些曾经拥有最光鲜最辉煌人生皇权的高层，当政权被推翻的刹那，他们面临的是更加悲惨残酷的命运，即使不用自焚这种极端的方式自我了断，新皇上占领了天下，他们或许死得更惨，做皇上的风险指数其实也很高。

曹太后陪伴着李从珂一家从容地坐在火焰中，被大火吞噬掉生命。其实她完全可以随着花见羞一起逃离这个地方，她选择留下自焚，是想给自己的女婿石敬瑭一个警醒，这是我们李家的江山，你石敬瑭这样做是大逆不道，我就要以这样残酷的方式去赴死，用惨烈的死抗议你的做法，警告你，这样做是违反游戏规则的。

政治上哪有什么游戏规则，所有的规则都是人定的。

石敬瑭打进洛阳，就听说丈母娘已经和李从珂一起自焚了，他叹息一声：这个老太太真是一根筋，这是何苦呢。他马上派人去找曹太后的遗骨，装殓之后很隆重地举行了一个国葬，全国放假三天，作为哀悼日。这是曹太后有生以来享受的最高级别的一个待遇，可惜她再也看不到了，如果她知道在她死后还这样高调张扬一回，她一定诚惶诚恐地告诉女儿：老妈一辈子平平淡淡不事张扬，死后还是让我安静一些吧。

5 鼓动老公造反当皇上的辣妹

——后唐末帝李从珂的刘皇后

建立后唐政权的皇帝李存勖有一个刘皇后，把政权鼓捣丢了的后唐末帝李从珂也有一个刘皇后。

此刘皇后非彼刘皇后，这个刘皇后没有李存勖的皇后刘玉娘那样有名，不但没有刘玉娘名气大，连个名字都没有留下来。这就显得有些不符合历史记载的套路，刘玉娘不过是草根贫民出身，名字也有些俗，却被记录下来，而李从珂的刘皇后，从爷爷那辈就是军界的高级领导，老爸刘茂威也是驻守边疆的军区首长，这样一个军二代费尽力气混到国母的位置，还是比不上流浪女出身的刘玉娘，人家刘玉娘虽然名声不好，好歹还留下了个名字，而她的名字随着岁月的流逝淡却了无痕迹。

有些卖萌的天真女子总想穿越到古代做女人，女人在古代混日子很不容易的，做了皇上的老婆都留不下名字，可以想象普通老百姓家的小女子过的是什么日子。漫说不可能穿越，就是穿越过去，也不过是个受气的小媳妇。

不过，人家李从珂的刘皇后从在军区大院出生，到在玄武楼自焚，一生中从来没有受过谁的气。也许因为军二代的特殊成长氛围，刘皇后的性格中基本没有柔情似水的成分，她是一个无人敢比的辣妹，风风火火，敢说敢干敢当，兄弟姐妹中，她是脾气最厉害的。不过这个辣妹虽然脾气像个男孩子，模样却秀美媚人，是出了名的美人。因为高贵的家庭出身和俊美的脸蛋，脾气火辣辣的刘美女依然是炙手可热的抢手货，许多贵族家的帅哥相中了这个个性十足的辣妹，在天底下到处是温柔女性的时代，这个美丽的辣妹显得与众不同，喜欢猎奇的男人们都想尝尝小辣椒的味道。小辣椒可不是轻易就把自己嫁出去的，她在最美丽的季节在等待一份最好的爱情。

李嗣源的养子李从珂开始进入刘皇后的视线。他们有共同的家庭背景，都是军人家庭里的孩子，都喜欢冒险，都爱玩心机耍聪明，两个人堪称绝配。辣妹找到了自己的最爱，成为李从珂的妻子。

李从珂表面上看，比李嗣源的亲儿子还像亲儿子，其实他是老妈和前夫生的孩子。他出生在今天的河北平山县，离西柏坡不远。想当年李嗣源的军队南征北战路过平山，贼不走空顺手抢劫了一批平山美女，在所有的美女中挑选了一个最漂亮的留给自己享用，这个美女就是李从珂的老妈魏某某。魏美女是当地穷人家的女儿，嫁给了门当户对的穷小子小王，并和小王生了一个儿子取名王二十三，简称阿三，一听这个名字就知道这户人家多么没文化，连个正经名字都不会起。魏美女被李嗣源抓到营帐陪睡，李嗣源承诺走的时候带上她，娶她做 N 房夫人，魏美女没有奋力反抗，或者哭着喊着为自己的老公小王守节，而是乖乖从了，她提出的唯一要求就是要带着儿子王二十三一起走，李嗣源答应了。

穷孩子王二十三从此改变了命运，从天天放羊、捡柴禾的小泥猴一下子变成了军区司令员李嗣源的养子李从珂，那年他已经十多岁了，突然的生活变故让这纯真的少年变得比同龄孩子早熟，他早早就懂得要把握机遇，只要把老板哄好了，一切就好办了，他在李嗣源面前表现得乖巧懂事，而且从这个养父身上，他学到了很多东西，他的作战勇猛像养父，连处理问题的方式方法都和李嗣源非常相像。后来，李嗣源对这个养子就不仅仅是喜爱，甚至有些宠爱了。

李从珂生得相貌堂堂，一表人才，漂亮老妈的基因在他身上得到了极致的发挥，帅哥李从珂到了谈婚论嫁的年岁，养父要为这个小帅哥找个真正的美女做老婆，经过民间婚介牵线，和刘茂威结成了亲家。

老婆是男人最好的学校，她们决定着男人的事业高度。结婚后，刘皇后这个校长兼教授就开始上岗了，经过她的精心培训，使李从珂更加茁壮成长，不费吹灰之力就被培养成了好丈夫，他把怕老婆当作政治家的风范，把"妻管严"当作荣誉称号，不但家中的大小事务都交给老婆管理，甚至外出打仗，刘美女也经常随行。从小看着爷爷爸爸在鞍马上混生涯，她特别喜欢军旅生活，军营中俨然就是一个铿锵玫瑰，没人敢招惹她。李从珂也乐的把军中内务交给她打理，自己省掉了许多麻烦和琐碎。

后来李嗣源当上皇帝，李从珂被封为潞王，妻凭夫贵，刘美女被封为沛国夫人。

因为怕老婆，李从珂必须要有一种说瞎话脸不红心不跳的本领，必须要有极好的应变能力，而这些恰恰是政治家不可缺少的素质，后来的实践充分证明，这些素质和能力是一个搞政治的男人必不可少的，李从珂后来之所以能当上皇帝，和老婆的尽心培养有很大关系。

　　李从珂的地位天天向上，看着别人都三妻四妾的，也有些活动心眼，想讨个二奶找个小三儿什么的，他只是处在活动心眼儿的阶段，还没有来得及把事情做实，刘皇后就及时发现了苗头，立即防微杜渐，对他进行细致的思想政治工作，告诉他身为国家高级官员，一定要严格要求自己才能有更大的进步，不但不能娶小妾，小蜜也不能有，这辈子你就一夫一妻制了，趁早死了那份贼心。所以，历史上关于李从珂究竟有几个妾几个妃，谁也考证不出来，因为没有任何文字记载。说不定，刘皇后的教育确实奏效了，李从珂名下貌似就这一个女人。

　　养父活着的时候李从珂很得宠，李嗣源死后亲儿子李从厚当上皇帝，十九岁的李从厚不过是一介书生，根本不知道怎么当皇帝，他防范意识很强，看着谁都像是要夺他权的人，特别是对没有一点血缘关系的大哥李从珂，更是处处设防。为了牵制李从珂和石敬瑭，他把他们的驻军防地进行更换，仅仅这些也就罢了，还把李从珂的儿子李重吉从首都卫戍区司令调到遥远的安徽，最让李从珂生气的是自己的女儿李惠明本来已经剃度出家当尼姑了，硬是被李从厚调回宫里软禁起来做了人质。李从珂出不来这口气，和老婆一合计，效仿自己的养父李嗣源，反了吧。

　　在这一点上，李从珂绝对是以李嗣源为楷模，李嗣源作为义子夺下了义父儿子的江山，他李从珂当然也可以作为养子夺下养父儿子的皇位，不是我不仁不义，是皇位太有吸引力了，何况你李从厚得罪我在先。

　　李从珂扯杆子造反了，真的造反之后，他才发现自己确实没有足够的实力对付一个国家的强大军队，眼看他的凤翔城守不住的时候，李从珂用的招数就是号啕大哭，像个娘们儿似的一边哭一边数叨，痛说革命家史，说自己跟着养父南征北战的战绩等等，把攻城将士的心哭软了，他反戈一击反败为胜。

李从珂打败了李从厚的部队，把那些残兵败将收编到一起，组成一支新的军队，向洛阳进发，皇位那块诱人的肥肉让他有些忘乎所以，他忘记了自己根本没有财力支付军队的军饷，没钱谁替你去卖命？李从珂确实被老婆训练出了极好的应变能力，他给官兵们打了大量白条，应允他们，江山打下来之后，这些白条一一兑现。

用几滴眼泪，一把白条，李从珂当上了后唐的最后一个皇帝。后唐的皇帝们虽然都姓李，却根本不是一家人。杀掉二十岁的小皇帝李从厚，李从珂成为后唐末帝，刘美女由沛国夫人升任皇后。那年的一个晴好秋日，还举行了一个隆重的仪式。刘皇后喜欢玩形式主义，她骨子里就有些虚荣，有了这个形式，她的地位感觉更加牢靠一些。

刘皇后现在考虑的问题是怎样利用自己的位置为娘家谋取私利，古代的女人，虽然是嫁出去的闺女泼出去的水，一旦有条件和机会，也想光宗耀祖，特别是像刘皇后这种很不像女人的女人，更是利用一切可以利用的机会。她给自己的弟弟刘延皓从部队排长一下子提升为国防部长，但是，刘延皓很不给姐姐做脸，本来忠厚老实的一个人，官职提升后，人一阔脸就变了，大张旗鼓搞腐败，明目张胆吃拿卡要搞不正之风，没过多久就被手下的官兵革了命，变成丧家之犬无处躲无处藏的。这时正赶上石敬瑭造反，李从珂正是用人的时候，他这个小舅子不但帮不上忙，反而给他帮了倒忙，恨的李从珂牙根疼，按照刘延皓的罪行，本来应该军法处置，死刑伺候，因为有个皇后老姐，只是给了他个撤职处分就不了了之了。

这个靠眼泪和白条抢来的宝座实在太不稳固了，刘皇后把兵权当儿戏一般交给弟弟刘延皓，换来的是国防能力的软弱不堪，明白了这个道理再去弥补已经来不及了，石敬瑭在契丹人的支持下已经把战火烧到了洛阳城下，李从珂还没过足皇上瘾就面临被赶下去的厄运。总结以往倒霉的亡国皇上们的经验教训，李从珂和刘皇后一致认为，让石敬瑭杀掉还不如自我了断，他们匆匆把各种死法都想了一遍，认为自焚比较好一些，假如用别的方式，人家未必给他们收尸，最后还要落得暴尸街头，还不如一把火把自己烧掉来得干净。他们悲壮而从容地商量着自己生命中最后一件事，就像平时说闲话，此时才能体现出刘皇后确实不是一般的女人，没有几个女人能像她这样敢于视死如归，当初鼓动老公造反当皇上的时候她就想到了，机遇与风险并存，既然选择了这个命运，就要勇于面对大起大落，成者王侯败者贼，不成功则成仁，败了，就要为自己的失败买单。

她最不忍心的是自己的小儿子李重美，他还年轻，也要跟随他们走上这条不归路，这是一个很有抱负有爱心的大男孩，现在他也是他们唯一的孩子了，二年前，李重吉和李惠明在李从珂造反的时候已经被李从厚派人杀害了，剩下李重美这根独苗。刘皇后想到儿子也要随他们去赴死，忍不住留下了眼泪，她有些不甘，不甘心就这样把这里的一切拱手让给石敬瑭，一边让李从珂把无价之宝和田玉玺带上，一边让宫女帮自己抱柴草堆积在皇宫院内，她要把这里所有的房子烧毁，一间房子都不留给石敬瑭。

李重美看出了母后的意思，叹息一声说：石敬瑭当上皇帝也不会露宿街头，他重建皇宫还不是要给老百姓增加负担，到那时候老百姓肯定会骂我们。

刘皇后听从了李重美的劝告，如果是今天的人一定会觉得，死都不怕了还怕挨骂吗，古代的人们观念和现在不同，他们在乎名声和气节，死后还要担上骂名，比活着挨骂还丢人。刘皇后虽然是女人，却有着男性的荣誉观，她毅然放弃了这生命中最后的决定。

寒风中，他们相搀着走上玄武楼，年迈的曹太后也和他们一起奋力爬上去，其实她大可不必去赴死，石敬瑭是她的亲姑爷，他不会把丈母娘怎么样，之所以陪着李从珂、刘皇后一起去死，她是想用风烛残年的生命告诉世人，自己是有立场的，不管李家的江山姓的是哪个血统的李，毕竟没有改姓没有改国号，现在不一样了，石敬瑭的篡权是让后唐江山覆灭。

一群亡国君臣端坐在寒风凄厉的玄武楼上，楼下熊熊烈焰已经点燃，刘皇后偎依在李从珂怀中，这是她一生中最温情的时刻，嫁给了这个男人她不后悔，陪着他死她也不后悔，她是爱他的，而且一生只爱过这一个男人。

6 皇上抢来的村姑老婆

——后汉高祖刘知远的皇后李三娘

五代十国在民间最有名气的皇后大概是后汉高祖刘知远的老婆李皇后，她是活跃在中国传统戏剧中的知名人物，不论是京剧，还是川、滇、湘、豫、汉、潮剧等地方剧种，都有关于李皇后的剧目，《磨房产子》《井台会》《磨房会》《红袍记》，最家喻户晓的要数评剧《李三娘》，这出戏又叫《白兔记》《咬脐郎打围》《李三娘打水》，也就是说，李皇后在戏里面的名字是李三娘。

刘知远和李皇后的爱情故事，早在元朝的时候就被剧作家刘唐卿改编成了《刘知远白兔记》，因为戏剧的宣传作用，让更多人知道了五代时期中国有一个名叫刘知远的皇上和一个名叫李三娘的皇后。

李皇后的真名究竟是不是叫李三娘其实并不重要，名字不过是个符号而已，和同期许多根本没有留下姓名的皇后们相比，她毕竟还留下了个李三娘的代号。本来刘知远这个人的名气并不高，充其量才当了一年皇帝，他后来的出名不是因为他创建了短命的后汉，而是因为他和李三娘感人的浪漫爱情传奇故事。

刘知远是少数民族后裔，祖辈在西域一带生活，属于沙陀部人，后来迁居到太原。虽然已经在汉人中间生活了几代了，但是他的容貌依然保留着少数民族的特点，卷头发，高鼻子，深眼窝，一看就知道他是少数民族。

虽然五代时期后唐的几任中央领导都是沙陀部人，和刘知远是同一个民族，但是草根出身的刘知远和李克用、李存勖、李嗣源是天和地的差距，根本不搭界。为了生存，草根王老五刘知远到李克用的养子李嗣源军中当了一名军马饲养员。

混到快四十了还没娶上老婆，可以肯定地说，刘知远不是一般的穷，而是贫困潦倒。不仅仅是穷，他从小体弱不好运动，长得瘦瘦高高，弱不经风，再加上脸色不怎么好，暗紫色的，眼睛白眼珠多黑眼珠少，平时表情严肃凝重且沉默寡言，从来就没有人给他提过亲，一晃就到了三十七岁。

本来就脏兮兮的，现在整天和牲口打交道，刘知远身上经常散发着一股子马粪的味道，这种男人一般女人是看不上的，偏偏刘知远遇上了能正眼看他两眼的村姑李三娘。

　　想来，李三娘未必是天仙似的绝代佳人，那年她十七岁，十七岁的女孩子有着她特有的青春美，在三十七岁的老光棍刘知远眼里，十七岁的李三娘就是天仙似的绝代佳人。他们的邂逅和所有一见钟情的古代爱情故事一样，很俗套的一种模式。穷二代李三娘穷人的孩子早当家，从小就洗衣做饭干家务活，甚至到坑塘里沤麻这样的粗活偶尔也要做一做。

　　她和刘知远的第一次相遇就是在村外的坑塘边，她在那里沤麻，在附近驻扎的军马饲养员刘知远到那里给马洗澡，劳作中的李三娘身段优美，之所以能一下子吸引住刘知远的目光，是因为他们生活在同一个阶级，刘知远的最高理想就是这辈子能娶一个这样勤劳能干的村姑当老婆。而刘知远打动李三娘的，是这个大男人对军马的细心，他给军马洗澡的时候，动作温柔细致，像对待自己最爱的女人那样贴心和有耐心，她忍不住多朝这边瞟两眼，不知哪一眼就和刘知远的眼神对上了，她从他那双黑眼珠少白眼珠多的目光中，看到了爱慕和温情。

　　因为每天都要到坑塘边做自己的事情，每天眉来眼去你看看我我看看你，两个人的心里就都有了感觉。这大概是刘知远长到三十七岁第一次正式喜欢上一个女人，他们之间开始有了恋情，就是一日不见如隔三秋的那种感觉。这感觉很折磨人，刘知远已经不是能耗得起光阴的少年郎，一旦找到了爱情，他就想直奔主题，和这位小女子做夫妻。

　　刘知远刮了刮脸，换了身干净军装，把自己拾掇利索了壮着胆子到李三娘家里提亲，结果是意料之中的，人家李三娘的老爸李老汉不同意，其实李老爸比刘知远大不了几岁，对这个上门提亲的看上去比自己年龄还大的老兵油子，他表现得十分反感，坚决拒绝了。李老爸的拒绝是有道理的，岁数老成这样，模样长成这样，家境穷成这样，也敢到我李老汉面前来提亲？如果刘知远和女儿年岁相当，或者，他虽然年岁大，家有万贯属于钻石王老五，抑或，他是一个功成名就的资深成功人士，哪怕是个连长营长的呢，李老爸一准就答应了。穷人家的女儿是沽价而嫁的，他们这样做并不仅仅是势利眼，也是为了让孩子通过嫁得好彻底改变命运。

求婚不成，已经被爱情折腾得几近疯狂的刘知远索性横下心来采取极端措施：抢亲！刘知远召集了几个战友，挑了几匹他们马圈里最好骑的战马，趁着夜色就直奔李三娘家了，到了那里二话不说，抱起李三娘放到马背上就走。李老爸眼睁睁看着女儿被抢走，哭天抢地，刘知远骑在战马上，搂着他哭哭啼啼故作反抗的新娘子，回转头对李老爸说："别哭了老丈人，为了心爱的三娘，我这辈子也不会永远做马夫，等我出人头地的那一天再回来见你。"

刘知远抢亲是真实的历史事件，李三娘确实是他抢回家的，至于抢回家之后，过的是什么样的生活，不得而知。或许真的像戏剧里描述的那样，李三娘嫁给刘知远之后，到他的老家生活，虽然已经怀有身孕，还要忍受刘知远兄嫂的虐待，白天挑水，晚上推磨，最后在磨房生下了他们的第一个儿子，也就是后来的汉隐帝刘承祐，孩子稍大一些就被送到刘知远的兵营抚养。戏剧故事里前半部分还有几分像真的，后面有关刘承祐长大后射白兔以及带箭白兔引领他磨房认母的传奇不太靠谱。被刘知远抢回家做新娘的李三娘刚刚嫁给他的时候，并不像谈恋爱的时候设想的那样幸福甜蜜，她曾经过了一段时间的悲惨生活，这样的生活也不过几年时间，到后晋天福元年也就是公元 936 年，刘知远因为军功升任河东节度使，封北平王，李三娘被封为魏国夫人，那年她也不过二十四岁。

刘知远的起步，是因为他两次救了李嗣源手下的大将石敬瑭，为了感谢他的救命之恩，他才一步步得到提升，后来石敬瑭篡权当皇帝建立大晋，刘知远也是立下过汗马功劳的。

从地位最低下的士卒，到国家政要大员，刘知远付出的努力是可想而知的，他和石敬瑭的关系并没有人们想象的那么铁，这种政治上的利益伙伴，都是盘算着怎样让自己的政治利益最大化，所以，无论是和石敬瑭的关系，还是和契丹国王耶律德光的关系，他都能随时把握好尺度，多年在基层工作总结出来的经验教训使刘知远沉稳的外表下有着一颗狡诈的心。他关键的时候，比石敬瑭有民族大义，他不赞成石敬瑭以割地向契丹借兵，不赞成他当契丹的儿皇帝。也正是因为和石敬瑭意见不统一，刘知远被挤出朝廷，到了太原。

石敬瑭以儿皇帝为代价换来的后晋江山不过维系了十一年，947 年春天，契丹还是把后晋灭了，刘知远趁机起义，在太原称帝，沿用后晋高祖年号天福，当年夏天打进汴京，改国号为"汉"。刘知远的个人奋斗取得了绝对成功，这里面，李三娘也发挥过贤内助的作用。

刘知远在太原称帝，是将士们的浴血奋战换来的，皇帝的位子坐定之后，他就想犒劳赏赐一下，但国库空空荡荡，拿不出任何钱物。一个百废待兴的烂摊子，一个空无一文的国库，刘知远这才知道，当皇上实在不容易，没辙必须想一个辙，他想出的措施是想通过向百姓征税来实现自己的目标。

征税方案还没做出来，就招到了反对，反对的人不是新上任的大臣，而是刘知远的老婆李三娘。这个女人是从民间混上来的，知道老百姓的苦衷，她反对的理由是：这样做会丧失民心，并且苦口婆心解释："你凭借河东起兵打下的这个江山，一直号称自己是义军，是穷苦百姓的大救星。现在你刚刚当上皇帝，没有给老百姓办一点实事，就要向他们口袋里掏钱，他们还会拥戴你吗？"

刘知远说，"这点道理我还不懂吗？如果我不把将士们安抚好了，他们起来造反，我的位子照样坐不稳当，这一点你想过吗？女人家家的别老跟着搀和国家大事，哪儿凉快到哪儿呆着去"。

李三娘说："我的后宫还有些财物，虽然不多，也算是一点心意，不如你都拿去赏赐将士，把道理向大家讲清楚了，他们不会有怨言的"。

这事让刘知远很感动，毕竟是同甘苦共患难的贫贱夫妻，关键时候，这样替自己着想。从小从苦日子里走出来的李三娘平时抠门着呢，钱财到了她的手里，一般情况下，再想抠出来，比要她命还难，如今，为了自家男人的事业，把多年的积蓄毫不保留全部无私贡献出来，这样深明大义的女人可着天下都难找。刘知远暗自自我表扬：谢天谢地，当初抢这个老婆算是抢对了。

李三娘反对向百姓征税，拿出自己后宫的钱财犒赏将士，这个新闻事件立即被宣传出去了，并形成了强大的舆论氛围，做到了家喻户晓妇孺皆知，不但为刘知远赢得了民心，也提高了李三娘的知名度和人气指数，她这个皇后算是当定了。当然，刘知远的皇后也只能由李三娘来当，因为到目前为止，刘知远还没娶过别的二奶，既然当上了皇帝，以后说不定就发展三宫四院的了。

刚刚走上皇帝岗位的刘知远事事亲力亲为，忙着呢，根本就顾不上扩大后宫队伍，继位不到一年，他就活活把自己累死了，这大概是中国历史上最短命的皇帝之一。公元948年春节的年节气氛还没完全褪去，后汉宫廷就被一股浓郁的哀伤氛围笼罩，刘知远十八岁的儿子在父亲灵柩前继位当上了皇帝，这就是后汉隐帝刘承祐。李三娘还没适应皇后的称呼，就变成了皇太后。

刘承祐续位后，朝廷内由杨邠、史弘肇和苏逢吉等大臣辅佐，执掌朝廷内的大权，朝廷外有郭威掌握着兵权，刘承祐这个皇上当得相当窝囊。他的工作大臣们都替他干了，闲得无聊，只好和舅舅李业一起搞搞小娱乐。李业是李三娘最小的弟弟，总想弄个大官当当，遭到当政的杨邠、史弘肇的反对，他们给出的理由是，领导岗位的升迁要按照制度有次序，不能因为他是皇上的舅舅而越级担任。人家拒绝的理由站得住脚，李业心里窝火，经常到刘承祐面前发泄不满。两个人心里都有情绪，他们发泄的办法就是用娱乐活动排解心里的郁闷，比如放放风筝啥的，这甥舅两个在玩上都很有创意，李业用竹篾、纸糊做风筝，从此风筝又叫纸鸢。两个人不但很张扬地放风筝，还经常在皇宫搞大型歌舞演唱活动。刘承祐未等老爸服孝期满，迫不及待请来著名歌星舞女搞了一台歌舞演唱会，活动结束还赠送她们锦袍、玉带等高档消费品。这件事惹来史弘肇的不满，他生气地对那些女艺人们说："现在边关的将士们流血作战，都没有得到一点赏赐，你们唱首歌跳个舞就得到这么多东西。"史弘肇居然把女艺人们手中的东西抢了过来，让人重新放回后宫库房。

对于刘承祐不务正业搞各种娱乐活动的事，李太后多次提出反对意见，儿大不由娘，对老妈的话刘承祐当做耳旁风，现在他只信舅舅的，其他谁的话都不听。杨邠、史弘肇和王章虽然在朝廷内专权，出发点还是为了巩固后汉的江山，只是工作方式不对，比如那一次召开中央工作会议，议政的时候，轮到刘承祐发言，杨邠居然让他闭嘴，告诉他："有我们在，你只管闭口不出声。"这下子彻底激怒了刘承祐：我好歹也是个皇帝啊，我都多大了，你们还把我当小孩子看。让我闭嘴？我从此让你们永远闭嘴。公元 950 年 11 月的一个深秋之夜，刘承祐密谋策划要除掉杨邠、史弘肇和王章。

他们把行动计划告诉了李太后，李太后一听就急了，这么大的事，哪能这样匆忙做决定，至少也要和宰相苏逢吉商量商量吧。

李业不以为然地说："有什么好商量的，先帝活着的时候不是经常说吗，朝廷大事，勿问书生，书生自古百无一用，他们胆小怕事会误事害人。"

李太后坚持自己的观点，坚决不同意这个谋杀计划，她絮絮叨叨地说自己的观点，叙述自己的见解，分析这里面的利害关系，眼看再这样磨叽下去，这个夜晚就过去了。刘承祐急了："早知道这样就不和你商量了，这事就这么定了。国家大事，闺门女人根本就不懂。"说完拂袖走出去，李太后惊愕地看着儿子的背影，流着泪说："有你后悔的那一天。"

除掉了杨邠、史弘肇和王章以及他们的家属亲信，刘承祐的下一个目标是杀死枢密使邺都郭威，他先是派人杀掉了郭威在京城的所有家眷，一家老少连刚出生的孩子都不放过，迫使郭威反汉，带兵攻到开封。到这个时候，李太后才知道儿子把郭威的家属已经斩尽杀绝了，郭威兵临城下，李太后叹着气对刘承祐说："郭威是你爸手下的旧臣，不是把人家逼急了，哪里会到这个地步？现在只要按兵不动守在城里面，让人给他传诏书好好解释劝说，也许他还可能顾及君臣大礼，还可以挽回局面。你千万不要轻易出去啊。"

刘承祐依然不听老妈的劝告，和郭威开始了对抗，出城交战的时候死在了城外，郭威势如破竹打进京城。

郭威打进京城之后，并没有马上称帝，对李太后还是蛮给面子的，不但对她以礼相待，还让她主持政事，并尊重她的意见安排准备刘知远的一个侄子继承皇位。李太后虽然临朝执政的日子算到一起也没有多长时间，这在她身上已经是奇迹了，郭威之所以这样敬重她，就是因为她当初反对杀郭威的深明大义。当然人家郭威给足了李太后面子之后，自己该当皇帝还是要当的，不但当上了皇帝，还改了国号，建立了北周。即使这时候，仍然尊李太后为母亲，给她的尊号是"昭圣皇太后"。

李太后平静地接受了这一切，她知道，仅仅存在了三年的后汉政权大势已去，自己迁居到太平宫，在孤独寂寞中了却了余生，虽然衣食无忧，李太后的心情一直是抑郁的，人家的家国江山能维系几百年，少的也能支撑几十年，她老公打下的江山却只维系了三年，想起来就丢人。她郁郁寡欢，没几年就去世了，死的时候也不过四十二岁。

7 陪嫁丫鬟也有春天
——南唐烈祖李昪的皇后宋福金

生在乱世中的女孩子本来就是不幸的，更不幸的是颠沛流离中父母双亡，这样的不幸都让出生在湖北武汉的宋福金遇上了。

宋福金的老爸名叫宋韫，是个出身书香门第的书生。唐朝末年，时局动荡，到处战乱，四处烽火，刚刚几岁的小女孩宋福金跟着父母外出逃难，半路上，父母在战乱中双双丧命，宋福金守在父母遗体边哭得嗓子沙哑，她哭累了，茫然地坐在路边发呆，不知道未来该怎么办，甚至不知道该怎样安慰一下焦渴的嘴唇和饥肠辘辘的肚子。这样的孩子，下一步的命运一般就是在饥渴无助中倒地毙命，在饿殍遍野的非常时期，像宋福金这样的孩子的尸首在路边随处可见。

碰巧，升州刺史王戎从这里经过，那时候的升州就是现在的江苏南京。王戎从宋福金身边经过的时候，无意间朝路边看了一眼，目光正好碰上小女孩宋福金惊恐无助的眼神，他就多看了这孩子一眼，这个小女孩虽然经过流离的劳顿衣衫褴褛，但是俊秀可爱，而且和自己女儿的年岁差不多。

王戎动了恻隐之心，从马上下来，走到小女孩跟前问：孩子，你还有什么亲人？

宋福金茫然地摇摇头，泪水从她脏兮兮的小脸上流下来，看得人心酸。

王戎抚摸着小女孩的头，发现她比自己的女儿看上去还要小一些。迟疑了一下，他问：你跟我回家好吗？我家有一个和你年岁差不多的小姐姐。

宋福金大约觉得王戎看上去属于比较可靠的那种人，就点头答应了。

王戎把宋福金抱上马，带回自己的家做养女，和自己的女儿作伴。王戎女儿比宋福金大一岁，两个人就以姐妹相称。王小姐很喜欢老爸从路边捡回来的这个妹妹，因为她不但可爱，而且善解人意。大概知道自己能被王家收留就已经是天大的福分了，所以，宋福金给自己定位很准，处处让着王小姐，把自己摆在侍女丫头的地位上。

她这个正确定位不但让王家更加喜欢这个懂事的孩子，也磨练出她隐忍善良的性格。倘若她处处拔尖抢上，说不定王小姐早就腻了，过不了两年就被人家扫地出门了。后来，王小姐对这个懂事的小姐妹很依赖，遇事都喜欢和她商量，两个人成了无话不说的闺蜜。

一晃就长成了少女，到了该出嫁的年龄。

王小姐对宋福金说："我要是嫁了人你怎么办？"

宋福金说："我经常去看你。"

王小姐说："那不行，我离开你怎么行啊，你陪着我一起嫁人好吗？"

那个年代有一种婚嫁方式，就是大家族的女孩子出嫁的时候，可以把自己的姐妹或堂姐妹或同族姐妹甚至丫鬟一起带上，当然这个姐妹一般都是地位低一些的庶出女，这些带过去的姐姐妹妹就是小妾，古代的术语叫做"媵"，这种制度叫做媵妾制。古代的女孩子在婚恋爱情上真够大方的，连老公都舍得拿出来和好姐妹分享，女人在爱情上原本都是自私的，之所以承受着痛苦装大方，想来也是没有办法，如果不这样，老公还是要娶别的女人，与其让别的女人和自己争男人，倒不如先下手为强，带过一个知根知底的和自己一条心的姐妹，至少自己大老婆的地位不会受到威胁。王小姐所说的陪嫁就是这种媵妾制出嫁方式，不管她选了谁做老公，宋福金都要陪她一起嫁给这个男人。

后来，经过父母之命媒妁之言，王小姐嫁给了大将军徐温的养子徐知诰，买一赠一，宋福金也跟着嫁到徐家，做了"媵"。她这个"媵"不是一般意义上的通房大丫头，虽然地位比正房要低，但是比一般的小妾地位高一些，相当于二老婆。因为宋福金和王小姐关系很铁，两个人即使心里有时候悄悄吃对方的醋，也能顾全大局偷偷把醋咽进肚子里。大老婆二老婆和谐相处，给徐知诰省了很多麻烦。

两个女人徐知诰都爱，私心里还是爱宋福金更多一点，一方面因为她更漂亮一些，男人大都是外貌协会的，喜欢以貌取人；另一方面因为她更隐忍，善解人意；最重要的一方面是因为他和这个宋福金之间有些相同的人生经历，宋福金父母双亡，从小做别人家的养女，他年岁不大也变成孤儿，也是被人收养的。

徐知诰小时候也是苦孩子，宋福金好歹算是大家闺秀出身，即使到处流离，好歹是跟在父母身边。徐知诰的父母早就死去了，早早就变成孤儿，他到处流浪，在流浪中不断成长，为了活着，不得不让自己变得越来越精明，否则兵荒马乱之中，小命早就丢了无数次了。

历史上关于徐知诰的身世没有一个能服人的准确说法，有的说他原本姓潘，老爸是做财税工作的国家公务员，乱世之中被淮南将军李神福俘虏到家里做工勤人员，大约很快就死了，留下年少的儿子顶替他在李神福府上做家奴，后来经过辗转，变成了李神福的养子。另外一些说法是，他本来姓李，父母死后独自四处流浪，被正在四处征战扩大势力范围的杨行密的军队抓来做壮丁，恰好被后来成为吴国国王的杨行密看到。这个小叫花子的眼神很有杀伤力，他和杨行密四目相对的一刹那，见多识广的老杨就被这少年的眼神儿拿下了，不知牵动了哪根筋儿，老杨一眼喜欢上这个少年，决定把他带回家收为养子。其实老杨自己有一群儿子，那些儿子们对老爸的这一决定提出严正抗议，有的对老爸发出最后通牒：有他没我，有我没他。老杨大概也觉得为一个无亲无故的陌路人伤了父子感情不值得，就把徐知诰转送给了大将军徐温。

老徐和老杨犯了同样的错误，他毫不犹豫把这个看上去精明伶俐的孩子接收过来，正式把他收为养子，给他改了个名字叫徐知诰。

后来的历史证明，这个少年确实不是一般人，他改写了中国历史，建立了南唐，还生产了几个很有文艺细胞的文人皇帝后代。人家老杨家的儿子们当初不让老爸收养他，就是怕他将来夺了自家的饭碗，他身上散发出的那股子气势已经让老杨的儿子们感觉到了威胁。最终让他们猜对了，徐知诰先是夺了养父徐温儿子们的饭碗，之后又夺了杨行密儿子们的饭碗。

徐知诰和两个老婆相安无事，幸福的生活在五代十国纷乱之余相对安宁时段的温暖阳光下。随着杨行密执掌南吴大权成为南吴的国王，徐知诰的养父徐温的地位也不断蹿升，杨行密去世之后，他几乎把南吴的军政大权都独揽在手，徐知诰很会借力，他借助养父的权力，慢慢羽翼丰满起来，特别是徐温的儿子徐知训征战中死去之后，徐知诰俨然成了老徐家执掌门面的接班人。其实徐温一共六个儿子呢，绝不可能都死光了吧，到徐知诰建南唐的时候，也有两个健在的。大概徐温的那些亲生儿子们都不是干大事的材料，只好让徐知诰冲锋在前。

就在徐知诰眼看就要大功告成的时候，王小姐却没等到他胜利到来的那一天，像一朵花期短暂的花儿，悄然凋零了，她去的干干净净，甚至没有留下一个可以延续血脉和香火的子嗣。宋福金副职转正，顺理成章提升为徐知诰的正式夫人。

937年金桂飘香的十月，徐知诰从杨行密的儿子手中把政府夺了过来，改国号为南唐，年号为升元，二十天之后，宋福金被立为皇后。当然，也没有忘记他的养父，追尊徐温为忠武皇帝。

徐知诰的名字从此不叫徐知诰了，改名叫李昪。之所以改名姓李，第一种说法，人家本来就姓李，另一种说法，想当年他在李神福家里做了多年的勤杂工，比较怀念那段时光。总之，以李姓假托自己是唐宗室的后代，这种血统上的造假不仅仅是为了更有利于统治子民，还为了给自己的家谱上贴上一层金。徐知诰这个名字从此彻底消失了，宋福金的老公现在叫李昪，是有着光辉历史的唐宪宗的第五代后人，宋福金生的儿子徐景通也改名叫李璟。

李昪身为皇帝明目张胆造假人事档案，却没有任何人追究他的真假。或许，人们依然在怀念大唐时代的光辉美好时光，渴望重回唐朝。

不管这个唐朝是假冒的，还是伪劣的，人家就叫唐朝啦。李昪坐上皇帝的宝座，尽管这个名义上的唐朝和大唐帝国相比，缩水了很多，疆域地盘小了很多很多，李昪对他的袖珍版唐朝却很满意，暂且没有扩大地盘的意向。经过了无数年战乱的百姓已经厌倦了战争，他让百姓休养生息，自己带头节约闹革命。

　　李昇和他的皇后宋福金厉行节约比任何高层领导做得都到位。本来都是养子养女出身，习惯了过苦日子。李昇一直穿草鞋，当了皇上还经常穿，绝对绿色环保，洗脸不用金盆银盆，脸盆是铁的，夏天睡在青葛布做的帷帐里面，从来不用描龙绣凤的高级丝织品。为了和这些简陋设施配套，伺候皇上皇后的宫女们当然也不能用太美丽光鲜的高档品，左挑右选找出一些又老又丑的宫女，给她们穿上粗布衣服，在丝绸盛行的江南，皇宫里的这种装扮是一道少有的风景。李昇的节俭堪比西汉的汉文帝刘恒，人家汉文帝身边好歹还有几个穿粗纱的美女伺候着，李昇把美女换成了黄脸婆，连汉文帝刘恒都自叹不如。

　　在又老又丑的黄脸婆做侍女这个问题上，宋福金坚决站在老公的立场上和他保持一致，绝对没有反对意见。但这并不代表人家李昇除了她宋福金就不亲近别的女人了，比如江西美女种时光，是皇宫歌舞团的，十六岁那年的花季成为李昇的女人，还生了个小儿子叫李景逊。此时的宋福金已经很少有机会能见到李昇了，名义上是皇后，和许多皇后一样，她们其实都是些过期的被废弃的女人。但是不管怎么说，宋福金稳稳当当坐在皇后的位置上，现在她只须守住自己的位置就够了，很多时候不是爱情说了算，而是政治地位说了算。

　　李昇还不算声色犬马的皇帝，他勤于政事，兴利除弊，勇于改革创新，吴越国遭受自然灾害的时候，他很人性化地搞赞助支援，他的外交政策使边境安宁无事，安定团结的政治局面促进了社会生产的发展。

　　人无完人，李昇当然也不是完人。他对大唐帝国情有独钟，不但把人家的国号继承过来，把唐朝帝王们的一些不良嗜好也继承过来。唐朝皇帝梦想长生不老，迷恋丹药，因为吃丹药死的唐朝皇帝至少有五个，太宗、宪宗、穆宗、武宗和宣宗都是吃丹药中毒而命丧黄泉的，另外唐高宗、武则天、唐玄宗等晚年也服用过丹药。李昪不吸取他们的失败教训，拿着自己的生命前仆后继，把他们服食丹药的陋习照搬过来，请了几个炼丹专家，轰轰烈烈开始了长生不老丹药的炼制。事实上，中国历史上旷日持久的炼丹事业，最终也没练出一丸长生不老药，却用硫磺、硝石与炭混合燃烧率先发明了黑色火药。

不知道李昪是脑子有病，还是身体真有病，炼丹术士炼出的所谓丹药，他居然视为无价之宝，也不进行动物药理实验什么的，上来就吃。吃的结果可想而知，毒热难忍，脾气变得喜怒无常，经常无缘无故发怒，谁也说服不了他，谁也控制不了他，只好请寂寞中的皇后宋福金出山，陪伴在他身边。

宋福金也制止不住他吃丹药，但是他脾气暴躁的时候可以替他顺顺气。李昪很依赖宋福金，换任何人都拿他没办法。李昪的身体被丹药损害的已经不再是那个沉稳的好皇帝，他中毒症状越来越严重，喜怒无常的时候就像一个精神病患者，疑神疑鬼的，无端就会下令杀人，有宋福金在身边好言相劝，救了许多大臣的命，所以，大家都很感激她。

丹药中毒的典型症状就是脾气越来越坏，浑身燥热不安，寒冬腊月都不能穿衣服。中毒最深的时候，背上还出脓疮，到这个时候，离死就不远了。李昪后来身上也生了痈疮，皇宫里的御医回天无力，李昪病入膏肓的时候，拉着宋福金和儿子李璟的手，哭着说：我不想这么快就离开你们，想服丹药让自己多活几年，没想到死得更快了。儿子，将来你要以我为戒，珍惜生命，远离丹药。

　　李昪死的时候五十五岁，如果不吃什么丹药，应该会长寿一些吧。

　　有着浓重文艺气质的李璟答应老爸他一定牢记老爸的嘱托，之后的岁月中，李璟确实没有涉足丹药，但是，他一辈子也没干过几件正事，诗词写得倒是好，书法水平也很高，当皇上不合格，如果当文联主席，绝对称职。这也是他老爸教育的失败。李昪年轻的时候也属于很文艺的那种类型，后来他崇文重教，喜欢和文人交往，无形中儿子李璟被熏染上浓重的文艺气。

　　也许大臣们正是看出了李璟不是当皇上的料，所以，李昪死后，大家都劝皇太后宋福金临朝听政。宋福金觉得儿子已经二十好几了，该放手让他自己执掌政权了，就谢绝了大臣们的好意，把政权彻底交给了李璟。

　　像宋福金这种有机会掌握朝政都不干的人，一些人会觉得她傻，还有一些人会觉得她无能，一定是干不了才不肯参与政治，宋福金心里却很坦然，她不是吕后，不是武则天，骨子里没有政治欲望。养女出身的经历，让她一生的性格都是知足常乐。她觉得她的命运已经够好了，父母毙命路边，遇上了好人收养自己，遇上了好姐妹让自己分享她的爱情和幸福，遇上了对自己不离不弃的皇上老公，儿子现在又当上了皇帝。和天下所有的老妈一样，她觉得她的儿子李璟是天底下最优秀的，她没想到后来他成为了一位昏庸无能的皇帝。

　　至于李璟怎样昏庸无能，宋福金没有看到。李璟继位两年之后，宋福金就追随李昪和她的好姐妹王小姐而去，那也是个金秋十月，八年前的这个日子她正沉浸在即将封后大典的幸福晕眩中，八年之后，她静静躺进李昪的永陵。现在一切都是浮云了，历史盖棺定论，说宋福金是个抱定女子不干政祖训的好女人。

8 公主皇后的乱世传奇

——后晋高祖石敬瑭的李皇后永宁公主

只有乱世，才会有类似公主做皇后的传奇。毫无疑问，正是因为永宁公主出生在乱世，才有机会从公主成长为皇后。

纷乱的时代，人们最大的愿望就是安宁，父母想祈求上苍给这个女孩一份平安，所以李嗣源给了他这个三女儿一个永宁公主的称号，尽管历史上已经有人用过这个名称，冒着抄袭的恶名，他还是很没创意地把人家唐玄宗女儿曾经用过的名字用到了自己女儿身上。此后这个名号在五代十国不断被抄袭使用，后汉高祖刘知远的女儿、后周太祖郭威的女儿、南唐中主李璟的女儿都不约而同使用了永宁公主这个名号，可见那时候的人们多么渴望和平安宁的生活。

乱世的公主再不幸福也是公主，比同时代一般老百姓的女儿幸福多了。永宁公主小时候还不是公主，只是白美富的大家闺秀，她过的基本上是娇生惯养的生活，父亲的西域血统和母亲的中原血统的杂交，使她成为少有的绝代佳人，身材颀长苗条，皮肤白皙，五官很有立体感，高鼻梁大眼睛，有东方美女的娇媚和西方美女的气质，连李嗣源的养子李从珂都有些喜欢这个美丽的妹妹。

永宁公主的老妈是曹皇后，很长时间以来都是李嗣源老婆团队中很边缘化的一个女人，虽然老妈的边缘化并没有影响到女儿，但是，老妈谦逊理性的优良品德影响了女儿，娇生惯养的三女儿看上去一点都不娇气，她落落大方，待人有礼貌，深得老爸的喜欢，李嗣源觉得这个女儿比任何一个女儿都有出息，将来一定给她物色一个好婆家。

李嗣源留意着自己手下的每一个未婚帅哥，他手下的亲兵将领石敬瑭走进了他的视线，这个帅哥勇敢有心计，虽然沉默寡言，但李嗣源能透过现象看本质，感觉这个人将来一定能成大器。他自作主张，把三女儿嫁给了他，永宁公主没有反对的权利，老爸把她嫁给谁，她就要和谁过一辈子。好在她遇上了一个自己喜欢的男人，她娇嗔地称呼他为石郎。石郎在那个时代算是个新好男人，知道疼老婆，知道讨好老丈人。李嗣源当上皇帝后，永宁公主的名号得到册封，石郎一下子变成了驸马爷，更是表现得对公主百依百顺。

娶个好老婆、少奋斗十年，石敬瑭的地位因为老婆的关系直线攀升，他很爱老婆，也必须好好爱公主老婆，他才有更加光明的前途。这对夫妇是五代十国模范恩爱夫妻，他们把夫唱妇随这个家庭生活主旋律玩得很到位，创建了五代十国少有的和谐家庭模式。石敬瑭很爱永宁公主，不仅仅因为她漂亮，不仅仅因为她是公主，还因为她确实是个很可爱的女人，他骨子里是个野心非常大的汉子，因为顾及到公主的面子，把野心藏得很深，他不愿让心爱的女人伤心。

对于石敬瑭的那点心思，李嗣源心知肚明，他把永宁公主又进封为魏国公主，就是想多给石敬瑭夫妇一点利益，让他安心当前的工作和地位，别胡思乱想。永宁公主一边要体谅老爸的苦心，一边还要照顾老公的情绪，两边都是她最爱的人，她不能让自己一生中最亲最爱的人因为政治利益互相残杀。

有李嗣源这杆大旗竖着，石敬瑭即使想得瑟也不敢明目张胆。李嗣源死后，闵帝李从厚继承皇位，这个优柔寡断的皇帝在岗位上工作不到一年时间，就被李嗣源二奶魏某某的带犊子李从珂轰出京城，危难当头李从厚想到了妹夫石敬瑭，一直打着谋反算盘的石妹夫没有对他讲义气出手相救。

李从厚死了，李从珂成为唐末帝。这个本来就和永宁公主没有任何血亲关系的新皇帝，对称霸一方的石敬瑭更不放心，他收买人心的方式和养父李嗣源如出一辙，这次他把永宁公主封为晋国长公主，石敬瑭知道这不过是表面文章，李从珂无非是先安抚一下他，下一步就没这么人性化了，如果石敬瑭不能任他宰割，终究会有一场惨烈的政治斗争。

表面的暂时平静，并不是真的平静，李从珂对石敬瑭从来就没有放过心。石敬瑭明哲保身，开始韬光养晦装病，那一年李从珂的生日庆典活动，他派老婆永宁公主从居住地太原到京城洛阳贺寿，自己继续在家装病。

那次庆典活动举办的空前排场，李从珂本来是平山县山沟里的放羊娃，现在登上皇位，他把自己的生日变成了国家法定假日"千春节"，让全国部级以上官员来赴他的生日宴会，他由衷地高兴，宴会上他喝了很多酒，有些醉了。

醉意朦胧中，永宁公主来向他道别，宴会结束了，她要回太原了。李从珂对永宁公主的感情比较复杂，他很喜欢这个漂亮的妹妹，当初刚跟着老妈进宫的时候，就被这个小公主的俊美高贵震撼过，在永宁公主面前，他永远都很自卑，从来不敢正眼看她。酒壮怂人胆，借着酒劲儿李从珂拉住了永宁公主的手，挽留她不要这样急着回去。

永宁公主厌恶地推开李从珂的手，忍气吞声地说："皇兄的庆生活动圆满完成了，我还是早些回去吧。"

李从珂醉眼朦胧地说："妹妹这样急着回去，该不是去和石郎造反吧？"

虽然是酒话，却表达了他内心对石敬瑭的疑忌。永宁公主回去后，把这些话告诉了石敬瑭。就因为这句酒后真言，石敬瑭和李从珂之间的矛盾越来越深，终于把石敬瑭逼上绝境，发展到与契丹人和亲结盟起兵造反。

李从珂大势已去，率领着后宫的老老少少在玄武楼自焚，其中就有永宁公主的亲妈曹太后。永宁公主原本是想在未来的日子里好好陪伴照顾老妈的，现在看到的是老妈惨不忍睹的一具焦尸，她哭得昏天黑地，谁都劝不住。

因为老妈的惨死，永宁公主对石敬瑭建立的后晋政权表现得很漠然，对自己应该获得的皇后头衔也没有一丝兴趣。自己的妈妈从后唐的皇后到太后，最终也不过落得这样悲惨的结局，自己当不当这个皇后无所谓，只要国和家都平平安安的，就是她最大的满足。直到石敬瑭上任四年之后的初冬，永宁公主才正式接受了皇后的册封，转过年来的春夏之交，石敬瑭就故亡了，儿子石重睿还小，由石敬瑭的侄子石重贵继承皇位，永宁公主由皇后升级为皇太后。

她的命运和老妈曹太后的命运有许多相似之处，她这样的皇太后其实只不过就是一个名誉和头衔，国泰民安的时候，她就是个摆设，说什么话都不算数，但是如果遇上国破家亡的灾难，第一个倒霉的却是她这个皇太后。石重贵属于工作能力一般，却很有骨气的皇帝，石敬瑭活着的时候屈膝对人家契丹称儿称孙的，石重贵腰杆挺起来了，一边拍着胸脯坚决不当汉奸，一边不务正业地把另一位叔叔石重胤的漂亮寡妇老婆冯夫人收进自己的帷帐中做了自家的女人，在叔叔石敬瑭的灵柩前，就迫不及待地和寡婶举行了婚礼。契丹国王耶律德光看出石重贵并不是有出息的人，派兵南下，势如破竹就把后晋一锅端了，等深入简出的永宁公主得到消息，耶律德光直接发给她的归顺公文已经送达她手中了。

永宁公主手捧公文浑身颤抖，这纸公文说明，晋国已经被人家灭了，石敬瑭用了各种手段创下的江山马上就要归契丹人了。她磕磕绊绊从住处一溜小跑去找石重贵，指着他的鼻子哭骂："这就是你执掌的国家政权，你怎么向先皇交待啊！当初你和姓冯的那娘们儿乱伦胡来，我说什么来着，这事儿会遭报应的，这才多长时间啊，报应就到了。造孽啊，你怎么对得住先人？"

石重贵和已经被封为皇后的冯寡妇呆立一边，不敢反驳。

永宁公主从文字秘书手里接过草就的降表，泪水点点滴滴浸透纸背，罢了，后晋有石重贵这样的接班人，早晚都会亡，认命投降吧。

晋国灭了，皇家的老老少少都被人家从皇宫撵出来，准备遣送到东北劳动改造。临行前耶律德光曾让人给永宁公主传话，晋国有今天都是因为石重贵不听话，和你没关系，你可以留下来，不用到契丹受苦受难。

永宁公主谢绝了耶律德光的好意，这一幕当年她母亲曹太后也遇上过，历史原来真的会重演，现在这个难题又摆在她面前，她说出的话也和老妈差不多："重贵对我非常孝敬，老妈当然要跟着儿子走，自己没有理由留下来。"

她和皇室的流亡团队一起离开皇宫，先在封禅寺整顿待发。刚刚过完年，正月里寒气依然很重，天上下着雨夹雪，这群皇家家属落魄地蜷缩着，饥肠辘辘连口残羹冷炙都没有，永宁公主派人请求寺院住持赏给他们一口饭吃，住持唯唯诺诺地应付了这群落难的倒霉蛋们几句，就藏起来再也不敢露面了，他并不是铁了心想当汉奸，只是怕因为给他们饭吃得罪了契丹人，整个寺院会跟着他们一起倒霉。永宁公主泪眼婆娑，满心悲戚，没想到自己最终落到了这个境地。

数九寒天他们一路北上，风餐露宿中被押送到遥远的东北，在幽州以南，还能得到一些后晋遗老遗少的接济，出了幽州，一路上他们只能靠采野菜、野果、杀牲畜充饥，夜间就露宿在田头沟沿。寒夜中，永宁公主流着眼泪躺在冰冷的土地上数天上的星星，她从小就做公主，一直过着娇生惯养的贵族生活，从来没有受过这样的罪。正月下旬，东北最寒冷的季节，天寒地冻，他们单薄的衣衫根本无法抵御这里的严寒，皇室的流亡团队哭声一片，茫茫荒野之夜，那惊天地泣鬼神的哭号声传得很远，任是哪种野兽都会被这悲悲切切的声音吓跑。

他们千辛万苦，走过千山万水来到契丹黄龙府，也就是现在的吉林农安，在那里住了半年时间，契丹的国母耶律平不知道动了哪根筋儿，下令让他们迁到怀州，现在谁的命令他们都不敢违抗，于是又动身向千里之外的怀州进发，还没到达，契丹国又换新中央领导了，新上任的契丹永康王让他们就近到辽阳待命，他们以为这里就是他们最终的归宿了，刚习惯了这个新地方，却又被迁往建州也就是现在的辽宁朝阳。

一次又一次的迁徙让他们大伤元气，每一次迁徙都会损失掉一些人马。石重贵的亲妈安妃病死在路上，小女儿和一些宫女被契丹官员抢走，宠姬赵氏、聂氏变成了契丹贵族述律王子的二奶。永宁公主算是幸运的，支撑着到了建州，在那里盖房子种地，插队落户当了农民，过起男耕女织自给自足的乡村生活。从至尊无上的国母到织布喂鸡的农妇，落差太大了，永宁公主自从离开皇宫之后，心态一直不好，满心的怨气，经常控制不住情绪嚎啕恸哭，引得大家陪她一起哭。因为悲苦的境遇，也因为她正处在女人的更年期，更年期的女人，养尊处优的日子里尚且没事找事恨不得上房揭瓦，何况遇上做这种愁苦烦心事。

过了将近一年的农家生活，永宁公主开始生病，这里缺医少药的，延误了治疗，病情越来越重，后来发展到卧床不起。她还不算太老，不过才五十一岁，但是她已经像一个老妇人，躺在土炕上絮絮叨叨，每天靠回忆美好的旧日时光支撑着活下去。好在石重贵还算孝顺，陪在她身边和她一起回忆，一起流眼泪，一起放声哭号，一起痛骂那些出卖后晋江山的卖国贼，骂道伤心处，永宁公主便咬牙切齿诅咒："我死了之后，一定要变成厉鬼，把他们的命都索了去。"

诅咒完了心里舒服了些，但是她已经病入膏肓，片刻的心理安慰之后，她身体更加虚弱，中秋节刚过，永宁公主就进入弥留之际，她临终最后的要求是，死后把尸骨焚烧掉，骨灰送到范阳佛寺，坚决回故乡，不做边地鬼魂。范阳佛寺在现在的北京城西南，只要进了关，就算是回到了故土。石重贵为了让她安心离去，答应了她的要求。后来，永宁公主的尸骨确实按照她的遗愿焚烧了，却没有办法给她送回故乡，只好就地掩埋了。石重贵连自己都朝不保夕了，哪里还有能力顾及一个寡婶的孤魂，永宁公主永远留在了遥远的异乡，那个地方她不喜欢，那里的路她不熟悉，她的魂灵即使想游回故乡和亲人团聚，也找不到回家的路。

第三篇
乱世另类迷情

乱世迷情总与凄美结缘，中国皇帝通过征服天下征服美女，抱得江山美人归的皇帝，把倾国倾城的前朝佳丽作为美丽的战利品，爱江山更爱美人，哪管这孽情几多荒唐，哪管女人泪珠中几多悲切。

1 朱温那些抢来的风流女人
——后梁亳州营妓、张全义家的女人们

朱温一生最爱的女人是张惠，除了张惠之外，他还有过无数女人，从妓女到手下大臣的妻女，甚至自己的儿媳妇，但凡能看上眼的别人家的"红杏"，他都要在张惠监督不到的时候，偷偷伸手摘到自己嘴里品品味道。

一边极力地怕老婆，一边贼心不死地色胆包天，朱温这辈子活的很快活，也很累。偷来的那些女人未必比张惠好，只是这种偷很让他上瘾，让他很有快感、满足感和成就感。其实，在张惠那里，他是在偷，而在得手的女人们那里，他就是个强买强卖的强盗，一边在老婆面前乖乖地装好男人，一边肆无忌惮地在外面偷腥，这种明里暗里的婚恋状态让他感觉美妙绝伦。

朱温背着张惠找的第一个女人是亳州的一个营妓，准确地说这个女人不是抢来的，而是一场货真价实的性交易。那个女人究竟叫什么名字没有留下来，想来也不过是很一般的一个女子。古代的军营里都有营妓，是专门为军队的军人准备的，有了这些女人的存在，军营里有了一丝柔媚。一般做军妓的女人除了是生活无着的穷二代，就是犯罪大臣的妻女。稍有姿色的归将军们消费，相貌差的大概刚入伍的一般士兵也排不上个儿。

朱温找亳州营妓的时候，正是他在唐朝皇帝手下讨生活的那段时间。替唐朝廷出兵打仗，常年在外面征战，张惠又没有随军跟在身边，寂寞的时候他自然不会放过这个娱乐项目，所以把亳州营妓召到自己营帐侍寝一个月。

一般来讲，妓女们都有自己的行规，和客户交易的时候大都采取避孕措施，这是不成文的规矩。据说她们的避孕措施一是内服药，接客前喝下一种汤药，药的成分有的说含有麝香的成分，称做"凉药"，会影响生育，有的说含少量水银成分，对身体有很大伤害但效果很好；二是外用，把麝香放入妓女的肚脐不仅可以避孕，还可以美容，这种贴肚脐叫"了肚贴"；三是用藏红花液清洗下身，把体内的精液清洗干净。不管这些说法是不是靠谱，妓女们基本上都比较遵守自己行业的潜规则，这貌似也是她们的职业道德。和朱温交易的那个亳州营妓不知道是避孕失败，还是为了钓一个金龟而没有采取措施，朱温的部队驻扎一个月刚刚开拔，她就急急忙忙追赶上去，说自己怀孕了。

这个消息把朱温吓懵了："你怎么可以怀孕呢？"

亳州营妓说："我怎么不可以怀孕？反正是你的孩子，你看着办吧。"

　　一个妓女，在朱温之前从来没有停止过工作，谁能保证她怀的就是朱温的孩子？在这一点上，朱温还是很男人的，从来没有矫情过，反正也没有 DNA 鉴定，全凭她嘴上说呢，她说是就是吧。如果家里的老婆张惠知道这个情况，还不得活活把他治死，首先要封锁消息，坚决不能让张惠侦察到蛛丝马迹。朱温把这个妓女在亳州买了宅院安顿好，当做二奶包养起来，自己还要继续行军打仗。

　　朱温闷着头打仗，不知道过去了几个月，亳州妓女二奶那边派人送信儿来啦，孩子生下来了，是个儿子，等着孩子他爹朱温给起名儿呢。张惠已经给朱温生过一个儿子了，这个就算是老二了，对这个妓女养的朱老二，朱温一时半会抽不出时间去看望，只能在远方空欢喜，就取了个"遥喜"的名字。这个叫遥喜的男孩子一直跟着营妓老妈在亳州长大，当然那个女人后来就不做妓女了，专职做二奶，由朱温出资供给他们母子。直到后来朱温有了实力，才战战兢兢一点一点对张惠透露，自己在亳州那边还有一房女人，那个女人已经给他生了一个儿子。经过张惠点头同意，亳州妓女二奶带着儿子怯怯地进了朱家，此时遥喜改名叫朱友珪。这个孩子后来虽然当上了皇上，因为有一个妓女出身的老妈，一辈子都很自卑，觉得自己出身卑贱，心理上有一定的阴影。

　　张惠以柔克刚，有她的控制，朱温不敢太造次，装着做道貌岸然的文明人。张惠得病去世之后，朱温大有翻身农奴把歌唱的放松感，他把一辈子压抑着的各种欲望一下子全释放出来，特别是在玩弄女人上他有些变态，为所欲为，肆无忌惮，不管是谁家的女人，只要让他看上了，就必须搞到自己的床上。他是皇上，普天之下莫非王土，过去他怕张惠，现在他还怕谁？

他手下的省部级干部家珍藏着各种美色，朱温就想让他们拿出来一起分享。他做这些事的时候，一点都不考虑人家的感受，但凡是绿帽子，不管是谁给戴的，男人们都是很在意的，皇上把人家头上的颜色变绿，人家也有心理阴影啊。再说，也不能不分主次，谁家的女人都抢啊，比如自己手下德高望重一心一意辅佐自己的大臣，就该手下留情，朋友妻不可欺这个道理自古就有。朱温则对朋友的美女妻妾绝不客气，对张全义家的女人们下手那件事，就显得很不地道。

张全义在黄巢起义军的时候，和朱温就是战友，朱温关键时候还救过他一次，本着滴水之恩当涌泉相报的想法，在朱温建功立业的许多重大问题上，张全义都鼎力相助，为后梁江山的建立立下过汗马功劳。公元 912 年，在一次征战中，朱温打了败仗，毕竟年过六十的人了，战争的失利和军旅劳顿让他身体吃不消了，得了场大病，为了静心疗养，他到张全义家里的后花园里避暑。张全义那时候已经是魏王，省部级领导干部，想必他们家的居住条件够得上五星级标准，朱温住进去就不想走了，不仅仅是看好了他们家安逸的起居条件，更重要的是相中了这家的女人们。

这事儿也怪张全义，流氓皇帝来了，也不知道把家里的女人藏好了，率领自己的大小老婆、女儿、儿媳来给皇帝请安，这些美女们一来，朱温的病好了一大半，他贼溜溜色迷迷的眼神就挨个逡巡，暗自在心里排号看哪个长得最有姿色，今天就按自己的排序让女一号来伺候自己，女一号是张全义美丽的小儿媳妇。

当朱温向张全义提出自己的要求时，张全义的头都大了，他把怒火压在心底，心说："什么东西，臭流氓，耍流氓耍到我们家来了。"可是又不敢爆发，忍受着屈辱把小儿媳妇贡献出来。他以为有一个女人损失贞操伺候了流氓皇上一个晚上从此就相安无事了，哪知道朱温吃这口吃上了瘾，按照他的排序，要张全义家的女人挨个来侍寝，他住多长时间，那些女人就要陪他多长时间，不论是儿媳妇、女儿，还是张全义的大小老婆，一个都不能少。而且不管白天晚上，随叫随到，不能有丝毫延误。

一连十几天，张全义家的女人们已经基本上都走了一轮，眼睁睁看着自己的女人和这个老流氓终日淫乱，张家男人的心里是什么滋味可想而知。年轻貌美的都轮过去了，朱温问张全义，你的妻妾呢？怎么不见她们来陪我啊？张全义说她们人老珠黄的，就免了吧。朱温厚颜无耻地说，哪能免啊，好不容易有一个为领导服务的机会，如果免了显得我厚此薄彼不公正了不是？叫出来我接见一下她们。

真是禽兽不如啊，张全义把半老徐娘的继妻储氏带到朱温面前，这女人虽然已经不是青春少妇，却别有女人的韵味和风情，朱温更喜欢成熟女人的风韵，强买强卖把她拉到床上，不管那女人怎样拒绝，怎样泪流满面，朱温强行把她奸污了。

朱温在他住的地方每天玷污着自家女人的贞操，张全义的儿子恨得咬牙切齿，这种屈辱让他忍无可忍了，抄起刀子要找那个老畜生拼命，被老爸死死拦住。

张全义的儿子说："你别拦我，我去杀了那狗东西。"

张全义说："别冲动，杀了他我们一家子都没命了。"

张全义的儿子痛哭着说："我们还算什么男人，活着干什么，屈辱死了。"

张全义劝儿子："朱温当年是对我们全家有恩的，这样我们就扯平了，谁也不欠谁的了。"

这种隐忍真是旷世少见，也许朱温正是摸准了张全义的脉，才敢对他家的女人们下手。不知道经过朱温这么一折腾，这家的男男女女将怎样互相面对，心理上会留下怎样浓重的阴影。男人们顶着多顶绿帽子，女人们老老少少婆媳母子共同属于过一个男人，围坐在一起吃饭的时候，那境况，要多尴尬有多尴尬。

不过，这倒让老张家的女人们和朱温有了很不一般的关系，男人们不好办成的事，由女人出面找朱温，一准儿能成。

朱温从张全义家的温柔乡里疗养够了，回到自己的老窝，并没有因为张全义贡献出了全部女眷而放松对他的猜忌，张全义的日子很难过。和朱温上过床的半老徐娘储氏跑到朱温面前讨说法，这个风情、风韵的女人亲自找上门了，让朱温无比快乐。储氏梨花带雨地扯着嗓门儿哭诉："俺家张全义怎么招惹你了，他本来就是一农民，这三十多年为了您的建国大业在洛阳郊区开荒种地搞后勤服务，现在他年纪大了老掉牙了，没几天活头了，您居然怀疑他，为什么啊？"

等她哭闹完了，朱温笑嘻嘻地说："哈，美女多想了，我对老张没什么恶意。咱们谁跟谁啊。"

一般来讲，朱温看上的美女，基本上没有失手的时候，当然，也有例外，他看上的女人无奈放弃的只有朱瑾的妻子，这大概是他一生中主动放弃的唯一美色。

朱温相中朱瑾的妻子，主要是时机不对。那时候他的贤妻张惠还活着，承担着管理教育他的重任。

朱瑾也姓朱，但和朱温没有什么宗族关系。他们都是不安分守己的战将，过去，朱瑾还曾经帮助过朱温，两个人之间有时候互相利用，有时候是敌我关系。五代十国纷乱的年代，谁也说不清谁是正义一方，都说自己在为正义而战。像朱瑾这种枭雄式的人物，最终一定会被朱温消灭。朱瑾战败后丢下家眷落荒而逃，打扫战场的时候，朱瑾美貌的老婆作为战利品送到朱温跟前。

面对这样的美色，朱温觉得如果不搞到自己手里，就浪费掉了，就盘算着怎样说服张惠，把这个女人收编到自己的麾下做二奶。

张惠对朱温太了解了，他一活动眼珠，她就知道他想做什么，当着朱温的面，她派人把朱瑾的妻子请过来。

朱瑾的妻子不知道张惠召见她是什么用意，小心谨慎地走进来，一见张惠，跪地就拜，没想到张惠也给跪下给她磕了一个，让朱瑾的妻子受宠若惊："这是怎么话儿说的，您怎么还给我行跪拜礼啊？"

张惠拉着她的手坐下，眼里闪着点点泪光："你老公和我老公都是一个姓的节度使，都在天朝讨生活，本来应该是好兄弟，现在为了一点既得利益就动刀动枪的，不但伤了兄弟和气，还害得妹妹你落到这个境地，姐姐看了伤心啊。如果哪一天我们居住的汴州失守了，我的遭遇还不是和你一样吗。"

说话间，张惠的泪水就真的哗哗留下来了，这泪水是流给朱温看的，话儿也是说给朱温听的。朱温不傻，他看明白了，也听明白了，老婆不同意他收编朱瑾的妻子。不同意就明说呗，搞这出儿干什么？哭哭啼啼的，多不吉利。再说和自己的老婆张惠坐在一起，朱瑾的妻子姿色差着一个档次呢，漂亮女人有的是，对有争议的女人该放手时就放手。

不过，眼下这个朱瑾妻子该怎么发落，放到别处，说不定就被自己手下别的将领收编了，自己既然得不到，也不能让别人得到。他想出了一个比较周全的办法，把这个女人送到了寺庙里做了尼姑。

实话实说，陪伴古刹青灯的寂寞日子，对一个女人来说，比被别的男人收编还残酷。古人的观念和现代人不一样，他们大概以为对一个失去丈夫和家园的女人来说，这就是最稳妥的出路了。张惠后来经常到尼姑庵探望朱瑾的妻子，陪她说说话，给她送些吃的用的，朱瑾妻子一直对张惠心存感激，她为从此再也没有音讯的丈夫苦苦守着贞操，却永远没有等来那个人的任何消息。

2　张贞娘和公爹不得不说的故事
——后梁皇帝朱友珪的皇后张贞娘

张贞娘是朱温的儿媳妇，朱友珪的老婆。

朱温有扒灰的业余爱好，这一点地球人都知道。老婆张惠活着的时候，他荒淫的各种业余爱好都隐藏着不敢显露出来，等张惠一死，朱温任何道德底线都不要了，不管是谁的女人，只要是美女，他都要搞到手，儿媳妇当然也不例外。

朱温一共有七个亲生的儿子，大儿子友裕没来得及娶媳妇就死了，小儿子友孜年纪还小，还不到成亲的年纪，剩下的几个分别是友珪、友璋、友贞、友雍、友徽，再加上养子友文，还有六个儿子的一大批美女儿媳妇。他把儿子们都派到外地去工作或者征战，那些美女留守队员都由他来替他们照顾。

皇子们哪个都是妻妾成群的，所以，这支美女留守团队伍很庞大，桃红柳绿，春色满园，让朱温目不暇接。儿子们都在遥远的外地，朱温很是替儿子们着想，他主动出面，替他们照顾好女人，这帮漂亮的儿媳闲着也是闲着，这些闲置的美丽资源，如果不利用起来，岂不是浪费？

朱温创新思维方式，他想出的替儿子们照顾儿媳，充分利用闲置资源的最好办法就是让儿媳们为他侍寝，说的通俗一些就是陪他上床睡觉。自然，张贞娘也在陪睡之列。

在洛阳这帮儿媳妇中，最让朱温喜欢的是朱友珪的老婆张贞娘。这个女人妖艳麻辣，充满青春活力，这股子劲儿让他总能想起年轻时代的张惠。他有些爱上她了，她侍寝的频率明显比别的儿媳高一些，张贞娘开始是不情愿，后来是没办法，再后来也就习惯了，甚至有些依赖这个老头子了。反正老公也不在家，公爹再老也是个男人，又不是她一个人被乱伦，所有的妯娌都和她一样，谁也没办法笑话谁。

睡了一轮洛阳留守的亲儿媳，他想起在外地还有养子朱友文的老婆王氏，朱温想自己要不偏不向做到一碗水端平，不能因为人家是养子的媳妇就怠慢了，要雨露均沾，轮流让她们侍寝。

朱友文本来姓康，因为聪明乖巧懂事很讨人喜欢，被朱温收为养子；和亲生儿子们享受同样的待遇，并被封为博王，改名叫朱友文。朱温做了皇帝后，把首都由汴梁迁都洛阳，朱友文继续守卫汴梁，事实上，他的老婆是跟着他在汴梁居住的，并没有在洛阳的皇宫里留守。朱温大概怕自己宠幸了别的儿媳妇，怕朱友文媳妇说他厚此薄彼，就一个信息把王氏从汴梁召到洛阳，让她也享受和亲儿媳妇一样的待遇——陪老公爹睡觉。

王氏已经风闻其他儿媳妇被公爹扒灰的事，知道这次被召回皇宫是干什么来的，所以不像前面那些儿媳妇一样扭扭捏捏半推半就的，而是很大方地服从命令听指挥，领导叫干啥就干啥，把公爹服侍得舒舒服服的，让朱温再也忘不掉她。吊足了朱温的胃口之后，她带着胜利的微笑回到洛阳，等着朱温再次召见。

自从王氏侍寝之后，朱温的宠爱由张贞娘转移到王氏身上，张贞娘的地位一落千丈。王氏这个女人不但花容月貌，而且很风情，很会投公爹所好，朱温毕竟已经是六十岁的老人了，和年轻小伙儿有所不同，他更喜欢温柔善解人意，会千方百计变着花样哄自己开心的女人。

没过多久朱温就想王氏想得难受了，让她再到洛阳来一趟。这一次，王氏开始了自己的政治攻势。她极尽缠绵之后，躺在公爹的怀里，提出一个要求：立她的老公朱友文为太子，那么将来自己的老公就是皇帝，自己就是未来的皇后。情色之中，她提什么要求，朱温都会答应的，他先是口头答应下来，之后，考虑到自己身体确实越来越差，该把立太子的事提到议事日程上来了，首先想到的就是养子朱友文。他告诉王氏，现在我的病很重，是该考虑太子的事了。明天你赶紧回汴梁，让友文过来，我要把将来的事委托嘱咐给他，免得延误了大事。

王氏听明白了，第二天就屁颠屁颠地哼着小曲回了汴梁。

第一个知道这个消息的是张贞娘。

因为王氏的出现，张贞娘在朱温那里的位置开始屈居第二。张贞娘姿色并不比王氏差，只是当初第一次被朱温宠幸的时候，她是很不情愿的，板着张苦瓜脸，不像王氏那样第一次就曲意逢迎，所以，从根儿上输给了王氏，好在朱温还算是比较喜欢她的，王氏回了洛阳，她就是最受宠爱的，但是总也争不来第一的位置。王氏仗着朱温的宠爱，为自己的老公挣来了许多利益，其他那些儿媳妇开始觉醒起来，争着向公爹卖弄风情，张贞娘更加有了危机感。

朱温在大后方乱伦玩弄儿媳妇的事，朱温的儿子们早就知道了，面对老爸给他们头上增加的绿帽子，他们敢怒不敢言，老爸是皇上，而且是残暴昏庸的最高领导，招惹了他，亲生儿子的脑袋照样有可能搬家。后来他们无奈地劝慰自己：不就是女人嘛，反正肥水没流外人田，陪着老爸娱乐娱乐，也算是儿子们尽孝心了。但是，每次他们回到家，自己的女人哭哭啼啼向他们诉说被扒灰的屈辱经历，他们心里也痛苦纠结，恨不得把这个衣冠禽兽父亲千刀万剐，一看别的弟兄都在忍气吞声，他们就都忍了下来。

直到看到朱友文因为老婆的关系不断从朱温那里得到好处，他们兄弟几个才意识到，还是要走老婆路线贿赂老爸比较超近，就都撕去脸皮，让自己的老婆到老爸那里吹枕边风。

事实上，不是什么样的枕边风都管事儿。

张贞娘的枕边风没有王氏硬，多少也起一点作用，只是为时已经晚了，人家王氏已经带着喜讯走在回汴梁的路上。

张贞娘陪朱温在床上磨叽了半天，也没给丈夫朱友珪讨来什么好处，走出朱温的起居室正郁闷呢，朱温身边一个和她关系不错的宫女悄悄告诉她：皇上已经让王氏回汴梁通知朱友文去了，让他马上到洛阳，立他当太子呢。

这消息让张贞娘有酸楚有失落。自己付出的一点都不比朱友文家那个姓王的妖精少，凭什么她就占了先，替她男人把太子的地位抢了过来？按照排序大儿子朱友裕已经不在世了，本来该是老二朱友珪的。朱友文不过是个养子，和朱家一点血缘关系都没有，这不明显是鸠占鹊巢吗？她带着满心的不平衡回到家，正赶上朱友珪回来了，她就把朱友文将要当太子的事告诉给了朱友珪。

朱友珪是朱温在外面和妓女二奶生的私生子，小时候一直跟老妈在亳州的外室里生活，原来的名字叫遥喜，后来老爸在家里说话稍许占地方了，才被接回家，改名叫朱友珪。因为是妓女生的，而其他哥们儿弟兄的老妈都出身高贵，他从小就很自卑，特别是回到老爸身边之后朱温从来没有喜欢过他，为一点小事儿就抄起鞭子狠狠抽他，就更显出了他的卑微。他内向，总怕别人看不起他，遇事总是疑神疑鬼的。在几个亲兄弟中，他没有同盟军，心里有事，不知道该找谁拿主意，所以性情更加孤独。

张贞娘哭着把朱友文将要当太子的消息传递给他，朱友珪也晕菜了：这可怎么办？就因为他朱友文老婆床上功夫好，就把未来皇上的位置生生抢到他们家去了？如果是老爸定别的皇弟为太子，他还没有这么大的意见，毕竟那些都是一脉相承的亲兄弟，可是他朱友文算什么东西，他姓朱吗？如果朱友文将来真的当了皇帝，朱家的这些兄弟就死定了，为了巩固他的政权，朱友文首先拾掇的就是他们哥几个。

见张贞娘还在一边嘤嘤嗡嗡地哭，朱友珪摆摆手，让她打住，别在这儿烦人了，哭有什么用，现在要想个万全之策。

夫妻两个正愁眉苦脸的时候，外面有人喊着圣旨到，朱友珪磕磕绊绊赶忙出去接旨，却原来是一道任命他到莱州做刺史的任命状。

　　如果说起初还怀疑张贞娘信息的可靠性，这道圣旨旁证了，朱温确实已经敲定了继承皇位的人选，让他到遥远的莱州任职，就是让他远离洛阳，怕他抢走皇帝的位子。

　　张贞娘也看明白了，朱温心里防着朱友珪呢，否则不会这个时候急急忙忙把他安排到莱州任职。近年来朱温新添了一个毛病，只要他想杀哪个高官或者亲属，都是先把他们派到外地做官，然后再找个借口杀掉，看来他又要故伎重演，下一个要杀的人就是朱友珪了。张贞娘心里焦急，她看着朱友珪的脸色旁敲侧击地说："事已至此，只能采取行动了。"

　　朱友珪身边最得力的仆人冯廷谔也催促他："现在已经万分火急了，再不出手，就晚了，说不定乱中还能求得生存。"

　　本来没有主心骨的朱友珪在张贞娘和冯廷谔的支持下，有了一些力量，他决定利用自己掌握的宫廷卫队和其他亲信所率的部队发动政变。那个夏夜注定是个不平静的夜晚，在朱友珪亲自率领下，他们悄悄包围了朱温的寝室，当他们突然出现在朱温面前时，把已经病得几乎坐不起来的朱温惊呆了："你们要干什么？是谁想造反？"

　　朱友珪像许多电影电视剧中拍的镜头那样一步冲了进去，在古代夜晚并不明亮的灯光下眼里冒着寒光："是我！"

　　朱温本来就病得坐不起来了，这时候浑身发抖发软，更是动弹不了，他恶狠狠地对这个从来就没有喜欢过的妓女生的儿子说："我早就看出来你不是什么善良之辈，恨只恨没有早一点把你杀了。"

　　他再也杀不成朱友珪了，因为他的话还没说完，朱友珪的仆人冯廷谔已经举刀刺过去，这一刀刺在朱温的肚子上，刀刃刺穿腹部从背部出来,朱温一刀毙命,他无论如何都没有想到,自己最终会死在亲生儿子的手下。朱友珪让人把朱温的尸体用毡子裹巴裹巴就直接埋在了寝室地下。

叛乱取得圆满成功,拟了一个假遗诏给东都马步军都指挥使均王朱友贞,让他立即到汴梁杀掉朱友文。朱友贞信以为真,本来他对这个一直想抢班夺权的外姓人也有成见,火速到汴梁,把朱友文杀了。其实朱友文死的时候他老婆王氏还在洛阳去往汴梁的半路上,他还不知道自己已经被朱温立为太子了,稀里糊涂就上了西天。王氏还没赶回家,半路上就被朱友珪派人杀了,为张贞娘解了气。接着朱友珪又假传遗诏,说朱温病死了,临死前立下遗诏,让自己继承皇位当皇帝。

朱友珪靠杀了老爸当上皇帝,张贞娘成为皇后。纸里是包不住火的,他杀父继位的新闻当时就已经被舆论宣传出去了,其他哥几个知道后都不干了,老爸再荒淫无道也是老爸,他欺男霸女霸占儿媳妇,就数你朱友珪的老婆张贞娘最主动,原来你们两口子压根儿就没安好心啊,色诱不成功,就来武的?这兄弟几个最气不忿儿的就数朱温和张惠生的儿子朱友贞,他是正儿八经的嫡子啊,按照道理只有嫡子才有资格继承皇位,你朱友珪不仅仅是庶出的,还是婊子养的,只有这种没教养的东西才会大逆不道杀父继位。

朱友贞带头打出了"除凶逆,复大仇"的旗号,哥几个联合在一起,力量雄厚,朱友珪虽然当了皇上,也是孤家寡人的,三下五除二就被逼上绝路。

数千禁军杀进宫中,喊声雷动,朱友珪和张贞娘紧紧抱在一起,他们没见过这阵势,都吓傻了。张贞娘颤着声音问:"怎么办?"朱友珪长叹一声:"这是命啊,都怨我命不好。"他把冯廷谔叫到身边,带着哭腔说:"我们已经完了,与其受辱被杀,还不如自己了断。求你帮帮我们,让我们少受点罪死得痛快点。"

冯廷谔听懂了朱友珪的意思,他狠狠心杀死了朱友珪和张贞娘,然后在他们身边自杀了。

朱友珪死得时候也不过二十八岁,张贞娘或许更年轻一些,即使死了,她的皇后封号也没保住,朱友贞当上皇帝的第一件事,就是把张贞娘追废为庶人。

死了也要把她的皇后头衔摘了,追认她是一般的平民百姓。张贞娘用各种手段忙活了一通,不但连命都没保住,连个空头名分都没保住。她和王氏最终的结局其实差不多,在阴间两个人相聚之后,不知会不会握手言和,两个女人比着向公爹献媚,现在连命都献上了,还给后人留下了茶余饭后的笑柄,真是机关算尽太聪明,反误了卿卿性命。

3 李克用的再婚老婆们
——唐昭宗妃子陈氏、五代大将李匡筹妻子张氏

乱世绝代佳人的爱情,大都是悲伤、惆怅、苍凉的。

乱世枭雄,掠夺的目标一个是江山,另一个就是美人。乱世中的悲歌小女子都有着不可逆转的悲哀,她们不过就是被乱世英雄轮番占有的美色资源。

独眼英雄李克用一生中有过四个女人,其中有两个是再婚女人,一个是魏国夫人陈氏,她的前夫是皇上唐昭宗,另一个是张氏,她的前夫是五代著名大将李匡筹。

这两个女子都是如假包换的绝世美色，能放弃资本和名气都不次于李克用的前夫，让她们的命运充满无奈。陈氏是被前夫唐昭宗当做礼品赠送给李克用的，张氏则是作为收缴的战利品被李克用属下上缴过来的。

先说陈氏，原本是唐昭宗李晔的妃子，这个出生在襄州的美丽女人，有着江南美女的婉约和乖巧，她从小受过良好的教育，琴棋书画都很在行，在后宫众多女人中能够脱颖而出，没有点绝活，光凭着俊美是不行的，能选进后宫的，哪一个不是天下美色。陈氏有才有貌，性格还温柔，善解人意，在唐昭宗手里是红人，封号魏国夫人。

唐昭宗在唐朝后期的皇上里面，属于有理想有抱负的，只是生不逢时，一上任就从哥哥那里接手了一个烂摊子，他上任的那年是公元888年，在位十六年，在今天看是很吉利的一组数字，但是他短暂的一生却从来没遇上过几件吉利的大好事。黄巢农民起义让他赶上了，外面农民起义军不断骚扰，天朝内部宦官控制朝政的问题十分严重，各地的节度使们明目张胆轻视朝廷。内忧加上外患，让唐昭宗这个皇上实在不好当，被折磨得精神快出问题了，经常借酒消愁，某一次醉酒之后，昏梦中无意砍死了几个宦官和宫女，被宦官锁在东宫院内，在锁上浇上烧红的熔铁，唐昭宗带着贴身的几个妃子被困在里面，这里面就有陈氏，他们没吃没喝的，宦官们在墙角挖了个洞偶尔送一点冰冷的饮食，吃完之后，更是冻得瑟瑟发抖。陈氏无怨无悔陪着昭宗，用自己的温情给他温暖和勇气，陪伴他度过了那噩梦般的日子。

陈氏是爱唐昭宗的，她无心争皇后之类的名分，只要这样默默地陪在他身边就够了，她做梦都没想到，为了拉拢节度史李克用，唐昭宗居然把自己当做礼品送给了那个独眼男人。

唐昭宗大概也是出于无奈，为了江山社稷，他必须收买好李克用。但是国库里已经是空的了，拿不出钱财送他，只好忍痛割爱，选择身边一个美女送给他。他也舍不得陈氏，可是别的女人，有的长得不够国色天香拿不出手去，有的模样说得过去但是已经给自己生了一男半女的，总不能把孩子他妈送人吧？只有自己最宠爱的魏国夫人陈氏，才貌双全，又没有生育，可以作为精美礼品馈赠他人。

陈氏全部的爱都已经寄放在唐昭宗身上，她习惯了从唐昭宗那里领取一点爱情残羹冷炙，觉得这样的生活就很满足。当陈氏得知唐昭宗已经把自己当成礼品送给独眼龙李克用的信息时，事情基本上已经木已成舟，没有回旋余地了。陈氏心里说不出的难受，眼泪差点儿没流下来，圣上你后宫那么多女人，选谁不行啊，偏偏选中我，你难道不知道我对你用情有多深？

既然唐昭宗已经承诺了把陈氏送给李克用，这礼品就要立即奉送出去，容不得耽搁，陈氏含泪收拾行装，她有意磨磨蹭蹭的，盼着唐昭宗念及旧情，能来和她道个别啥的，到该出发了，唐昭宗也没出场，他大概觉得这个女人既然已经送人了，犯不着再卿卿我我的徒然给自己增添烦恼，旧的不去新的不来，只要江山社稷是俺们老李家的，美女多着呢，陈氏这种姿色品味的，可着大唐帝国去踅摸还是能找出个把的。

李克用是吹吹打打很隆重地把陈氏接回家的，皇帝用过的女人，随便赏赐给过谁啊，不能悄默声的就让这位绝代美女走进自己的家门，一定要隆重，比娶前面那三个女人都要隆重。

在陈氏之前，李克用已经有三个女人了，大老婆刘姐姐，一个精明绝顶的女人，因为一直没有儿子，所以看上去很谦逊；二老婆曹姐姐，也是眼观六路耳听八方的顶尖女人，她居然成为大老婆的闺蜜，两个女人关系非常铁，拧在一起就可以左右李府的命运；三老婆张氏比陈氏早来几个月，是头年腊月年根子底下才娶进来的，和陈氏一样，也是二手女人，她的前夫是五代著名大将李匡筹。这个女人容颜确实美艳，却永远没有一丝笑靥，像一个冷冰冰的冰美人。陈氏突然觉得和张氏之间有一种同是天涯沦落人的惺惺相惜，她觉得自己很懂这个同病相怜的女人，她们有着共同的命运。

张氏并不买陈氏的账，对新进门的这个女人对她的示好她装作看不见，她知道这个姓陈的小女子是皇上送给李克用的礼品，一个女人都被自家男人当礼品往外馈赠了，怎么能和我相比呢？她觉得，不管怎么说，前夫李匡筹还是深爱着自己，为了自己，和同胞亲兄弟李匡威反目成仇，在幽州就发动了政变夺了李匡威的权，也是因为这次怒发冲冠为红颜的冲动政变，招来了祸端，不但丢了幽州，丢了女人，连命都差点丢了，到现在还下落不明。一个人的时候，张氏会默默想念李匡筹，想着他的种种好，想着在一起时候的恩爱时光。

张氏的美和陈氏不是一种类型，陈氏身上有江南美女的温柔秀媚，张氏则是摄人魂魄的妖媚风韵，张氏的美是所有男人都喜欢的那种大众性美丽，闺中待嫁的时候，这个大家闺秀锁在闺房中很少有人见到，嫁给李匡筹后，偶尔抛头露面的，惊艳了好多男人，这些男人也包括李匡筹的亲哥哥李匡威。

李匡威很好色，身居幽州节度使，相当于现在的省长或者直辖市市长，幽州地区的政治、军事、经济、文化大权都在他手上，已经官至省部级干部，有了好色的条件和基础，可着他的幽州辖地，什么样的美妞儿找不到啊，再有这方面的业余爱好，也要本着兔子不吃窝边草的原则，到离家远一点的地方寻找美色，如果把目光盯在自己的亲兄弟媳妇身上，不管什么朝代，不论什么国度，什么文化背景，都说不过去，不仅仅是不道德不厚道，还有违人伦。李匡威从兄弟媳妇张氏娶进门的第一天就惊诧于这个小女子的美丽，如果不是自己亲兄弟的老婆，摊在别人身上，他早就下手抢回来给自己做 N 房小老婆了，也就是说，李匡威同志还算是讲情面了，看上了兄弟媳妇，在心里头暗暗喜欢着，天天打头碰面的经常能看见，也是忍耐了很长时间了。

晋王李克用发兵攻镇州，镇州向幽州求援，李匡威决定亲自带兵去增援，出发前的那个夜晚，举行了一场盛大的送行晚宴，政界要员，亲朋好友都来参加宴会，为他出征壮行，当然，作为亲兄弟的李匡筹也带着老婆参加了这次晚宴。

场面很热烈，大家推杯换盏，都来向李匡威敬酒，出于礼节，张氏也端着酒盅过去敬了一杯，李匡威本来就兴奋，一看心仪已久的兄弟媳妇婷婷袅袅的样子，就更兴奋了，连着喝了三杯，主动还要张氏接着敬，他色迷迷的眼神让张氏很害怕，她想立即逃离这里，李匡威伸手一把把张氏拽过去，搂到自己怀里，满嘴酒气就去亲吻张氏，张氏羞得满脸通红，极力挣脱，李匡威却是越搂越紧。他这骤然的举动让全场的人都呆住了，李匡威的老爸一边示意这不争气的儿子赶紧松手，一边解嘲说：哈，喝高了，喝高了。大家也跟着哈哈一乐，这事儿表面上看好像过去了，但在李匡筹心里却成了一道过不去的坎，眼看着哥哥调戏老婆，自己还要在旁边强颜装欢，还有王道没有？他一忍再忍，没当场发作。

第二天李匡威一走，李匡筹就不再忍着了，你李匡威既然敢动我的女人，我就敢动你的官位，他悄悄开始着手兵变，等着李匡威走远一些之后，就在幽州发动了政变，掌握了兵权，自己做了节度使，李匡威再想返回都回不去了，说穿了，一切都因为一个女人，按照古代的说法，张氏就属于红颜祸水类型的。

李匡威的部下刘仁恭替主子鸣不平，带着手头的一点人马和李匡筹死磕，没打过李匡筹的军队，就求助李克用给兄弟帮帮忙。李克用凭借自己的实力，也是费了老大劲才夺下幽州城，腊月二十六日，溃败的李匡筹带着家眷细软逃走了，因为张氏刚生完孩子正坐月子，就没跟着逃走，被刘仁恭俘虏了，把她当做战利品献给了李克用。李克用没想到这里还雪藏着这样的美色，也不在乎这个女人曾经是谁的老婆，把这个女人连同没出满月的小奶孩一起收编到自己名下，张氏无可奈何变成了李克用的小老婆。

张氏开始也是经常偷偷以泪洗面，她只爱她的李匡筹，一点都不喜欢李克用甚至有些厌恶他，他对她越好，她心里的厌恶情绪就越强烈。后来慢慢有些想通了，她知道，只因为自己是乱世中特别的女子，所以才会有如此的命运，即使不是李克用，李匡筹败在另外一个别的什么人手下，自己照样会成为那个人的小老婆，还是从了吧，说不定李匡筹早就把自己忘了。

就在张氏刚刚有了活动心思的时候，李克用的女人队伍中就引进了新产品，这个新引进的美色曾经是皇帝的御用品，她就是魏国夫人陈氏。

陈氏的到来，让前面的三个老婆都屏住呼吸，暗自感叹，皇上的女人就是不一样，人家那模样，那气质，可不是她们随便学得来的。

如果在这之前张氏还时不时在李克用跟前拿一把，现在没有拿一把的资本了，她感觉唯一比这个新来的女人强的地方就是自己是被李克用俘虏来的，说不定自己的前夫现在还想着怎样抢回自己呢，你陈氏即使是天仙，也是被前老公淘汰掉不要的货色。

因为又来了个陈氏，张氏突然不那么讨厌李克用了，但是，李克用却把感情转移到了陈氏身上，张氏感觉到了一丝失落。新来的这两个女人的明争暗斗，大老婆刘姐姐和二老婆曹姐姐根本没放在心上，两个二手女人爱怎么争怎么争，不管你们过去的男人地位有多高，现在你们都是俺们姐俩领导下的小妾。

陈氏一走进李府，在情感上就缴械投降了，唐昭宗的绝情已经让她参透了爱情，李克用对自己恩恩爱爱的，女人在感情上只有识时务才能少让自己受伤害，必须尽快把爱情转移到现任丈夫这边，才能少一些痛苦和忧伤。

斩断了对唐昭宗的感情，陈氏变得无牵无挂，现在，这个世界上，只要她爱谁牵挂谁，谁就是她的全部，她尝试着把李克用当做自己的全部。因为她的温柔体贴，善解人意，更因为她极高的文化修养，言谈举止与众不同，很快成为李克用最宠爱的女人。

为了夺取江山，后来，李克用把所有的心思都用到他的建国大业上，很长一段时间，顾不上对女人感兴趣了，刘姐姐和曹姐姐乐得清静，没有要事从来不打搅李克用，张氏也懒得和整天一脸旧社会动不动就发脾气的这个老男人见面，李克用经常孤独地住在他的卧室，考虑一些重大问题。此时，只有陈氏会经常过来陪陪李克用，陪他说说开心的话，即使李克用满脸凝重，她用南方女子的满腔柔情，也能把他哄得高高兴兴，两个人在一起的时候，李克用管这个小巧玲珑的可人叫"阿婼"。

阿婼是南方的方言，意思相当于阿姐，陈氏当然比李克用年岁小多了，这个南方称谓应当是陈氏自己主动要求李克用这样叫，李克用也未必知道阿婼的真正含义是什么，这是觉得用这个称呼叫这个小尤物很贴切，后来，阿婼几乎成了陈氏的名字。

建国大业没有任何重大进展，李克用满心焦虑，积劳成疾终于病倒了，病床前，经常陪伴身边的也是陈氏，那几个女人偶尔也过来探视探视，但是瞧完就走，李克用当下已经变成一只病猫了，给她们不能再带来什么利益了。

陈氏守在身边，求的也是一份儿精神寄托。她把侍女打发到一边，亲自熬药喂李克用服用，细致入微地呵护着病入膏肓的落魄英雄，这让李克用很感动，觉得自己这辈子有阿婼这样一个好女人算是值了，他拉着陈氏的手，只是不舍，含泪无语。陈氏明白李克用的心思，泪涟涟告诉他："我和你一起生活了十四年，所有的心思都在你身上，如果你有个三长两短，我可怎么活啊？如果不能为你殉葬，我就削发为尼，天天在青灯下为你读佛经。"

酸楚的话让李克用感觉到了满腔的凄凉，此时他已经无力为这个亲爱的女人再做什么，一任她随着自己的性子去安排未来。李克用去世之后，陈氏离开与自己没有了任何关系的李府，在洛阳佛寺出家为尼，法名智愿。李克用的儿子李存勖当上后唐庄宗后，没有忘记这个出家的姨娘，赐给她建法大师的法号，后唐明宗即位后改赐号圆惠大师。

4 二手女人收藏专家郭威的情史
——后周太祖郭威的历任妻子杨氏、张氏、董氏等

　　相信很多男人都有处女情结，特别是中国古代男人，很在乎自己的女人嫁给自己的时候是不是处女，有人说，所有的男人都他是老婆的第一个男人。有的男人嘴上即使说不在乎，心理上也会有一个坎，男人的处女情结复杂而纠结，如果娶到手的女人不是处女，他们会觉得自己这辈子吃了大亏，从而心理扭曲，一种莫名的没有由来的羡慕嫉妒恨纠缠一生，成为永远抹不去的痛。

　　后周太祖郭威却一反传统，没有顽固的处女情结，他一生中娶过四个老婆，全是兼并收购来的二手女人，他好像专门喜欢收藏寡妇美女，不但自己热衷于二手美女收藏事业，给自己的养子柴荣找媳妇的时候，也替他相中了一个姓符的美丽寡妇。

　　郭威的第一任老婆是柴守玉，虽然是二手女人，但是起点很高，是后唐庄宗李存勖后宫的女人。李存勖丢了政权和性命之后，新上任的皇帝李嗣源不想继承后宫的那些残花败柳，给了她们些盘缠把她们都打发回家了。柴守玉就是从京城回家的半路上，在客栈里避雨的时候遇上了当时还是穷小子的郭威，两个人一见钟情，定了终身。那个时候的郭威是一个有犯罪前科的穷兵爷，因为从小就成了孤儿，缺乏父母管教，无拘无束像个街头小混混，酗酒、赌博之类的恶习都有，甚至还酒后失手杀过一个卖肉的街霸，因为没人管束自由自在，像只到处乱飞的麻雀，大家就给他起了个外号叫"郭雀儿"。

　　柴守玉配郭雀儿当时不仅仅是绰绰有余，而是极不般配，柴

守玉怎么说也是前任皇上私人御用品，虽是二手货，也算是宫里出来的活古董，许多厅部级领导干部巴不得放到自己的后院里当花瓶，提升自己的品味。也就是说，郭威娶柴守玉算是捡了一个大便宜，因为有了这个见过大世面的女人把控，郭威不再是到处乱飞的郭雀儿了，他对老婆言听计从，改掉了一身的臭毛病，在第一任老婆的悉心培养下，一步步成长为后周的开国皇帝。柴守玉一辈子没有生育，收养了侄子柴荣作为养子，柴荣后来成为了郭威皇位的继承人。

红颜薄命的柴守玉早早去世，郭威一辈子都难忘记这个女人，即使后来成了后周太祖，即使后来娶了更多的女人，也一直把她放在第一位，他把柴守玉追谥为"圣穆皇后"，皇后位子只留给了这个女人，再没有册立过其他女人为皇后。

也许是尝到了娶二手女人的诸多好处，也许是心里永远挥不去柴守玉的影子，还想找一个柴守玉那样的好女人，郭威之后再找女人，就以第一任老婆为标准，结果能入他的法眼的，都是二手女人。

郭威的第二任妻子杨氏比柴守玉更有能耐，柴守玉在嫁郭威之前只不过有李存勖一个男人，加到一起也没有被宠幸过几次，而杨氏之前却有过两任男人，确切地说，杨氏应该属于三手女人了。杨氏嫁的第一任老公名叫王镕，也是能上台面的人物，曾经做过称霸一方的赵王。王镕的老祖宗是回鹘人，因为被唐朝镇州的将领王武俊收为养子，才随着养父姓了王，名叫王五哥，这名字取得俗了点儿，但不影响升迁繁衍。根儿上那点事儿太久远了，到王镕这一代已经过去八代了，从王镕身上已经找不到回鹘祖先的痕迹，后梁朱温称帝的时候，王镕凭借实力割据一方自称

"赵王"，自立为皇帝，从这个角度来讲，杨氏也算是一名王妃了。

杨氏是河北正定人，老爸是当地的主要领导干部，作为白富美的"官二代"，她的美在当地是出了名的，赵王府就建在正定城里，杨氏的美丽名声在外传到了王镕耳朵里，这朵花便被赵王掐到了自己的后宫里。王镕出道早，因为老爸早逝，十岁就继承了成德节度使的位置，这位久经考验年轻资深的省部级领导干部，把杨氏搞到手的时候，不但早已娶妻生子，连儿媳妇都娶到家了，他的儿女亲家是后梁太祖朱温和后唐庄宗李存勖，一个诸侯王，娶了两个皇帝家的公主当儿媳妇，他这个公爹当然牛气冲天。杨氏老爸作为地方领导干部，早就想巴结好这位上级领导呢，用美丽的女儿作为投资，杨老爸投入的成本虽然有些高，但是收益也很不错。作为上级领导的老丈人，他觉得自己从此可以高枕无忧了，却忘记了政坛风云阴晴不定，王镕的赵国作为国中之国，后梁太祖朱温能睡踏实吗？朱温睡不踏实，王镕自由自在的好日子就岌岌可危。不过，还没等到后梁对王镕动手，赵国领导班子内部就出了问题，王镕最信任的养子王德明发动内乱，不但杀死了王镕，割下他的头颅，他一家老小都没有幸免，包括妃子姬妾之类的几百个美女，有的被逼着跳了井，有的被扔到火里活活烧死，王镕的儿媳妇——朱温的女儿普宁公主当然不能杀，挑出来放到一边先保护起来，还要留着她向朱温邀功请赏呢，剩下的基本上都就地解决掉了，至于已经成为王镕宠妃的杨氏通过什么渠道逃出来的，就不清楚了。

不管怎么逃出来的，总之杨氏是逃了条活命，她的娘家就在赵王宫附近，躲在娘家，能看到王宫被烧的熊熊火光，能隐隐听到凄厉的哀号声，杨氏找了个隐蔽的地方藏了起来，浑身瑟瑟发抖。做宠妃的幸福时光变成一场挥之不去的噩梦，娘家不是久留之地，说不定王德明的人正在找她这条漏网之鱼，老爸匆匆把她转移出去，闪婚嫁给了一个名叫石光辅的乡下人。从王妃到农妇，落差有些大，从小就是四品领导干部家的千金小姐，然后贵为王妃，现在成了农夫的老婆，即使在乡下的农舍里，袖着手什么都不干，杨氏也觉得满心的怨气。石光辅娶了这个绝色美女，基本上没过过一天好日子，无论怎么哄，娇贵的老婆都没有一丝笑容，石光辅就郁闷，没过几年就郁闷死了，杨氏二度成为寡妇。

如果说第一次成为寡妇的时候，她还替自己痛苦悲悯，再次成为寡妇，她习惯了这种状态。赵王府政变的风声已经过去，一切尘埃落定，杨氏作为寡女又被退货回到娘家，住进当年的闺房。在闺中待嫁的时候，她有几个从小一起长大的闺蜜，关系最铁的是张妹妹和董妹妹，她们都是她的死党，经常到她家里陪她说说话，逗她开心，杨氏慢慢变得有些开朗了，虽然经历了风风雨雨，她依然娇媚俊秀，依然是正定府里最美的一朵花。

此时，郭威的结发妻子柴守玉已经逝去了，有人给他介绍了杨氏，也许是娶皇上的女人娶上瘾来了，曾经伺候过皇上的女人，都是经历过严格培训的，自己不用花钱花时间花精力培训，现成的拿过来就用，多省事儿，嘚来，就是她啦。杨氏已经经历了两次悲催的婚姻，连农夫都嫁过了，第三次出嫁也不在乎嫁给谁了，既然有人承接着，赶紧把自己打发出去。

郭威吹吹打打娶回第二个寡妇老婆。

当了郭威的老婆后，杨氏跟着郭威住到太原，总算安定下来，过了一段静美的生活，本着苟富贵勿相忘的江湖规矩，她过上幸福平安的日子之后，经常把她的两个好姐妹张妹妹和董妹妹接到太原来串串亲戚，走动很很勤。

张妹妹张氏的爷爷和老爸都是高官，乱世做官，搞不好连命都会丢掉，老爸张记命倒是没丢，官却丢了，家道中落后，一家人很快变得贫困潦倒，张记不忍心看着女儿受苦，不到婚嫁的年纪就给她找了个婆家，公爹是个将军，因为张氏的年龄还属于未成年人，暂时寄存在将军家，给将军的儿子当童养媳。她这个童养媳转正没几年，老公就死去了。

好姐妹也变成了寡妇，杨氏对她多了一层同病相怜的亲近感，那时候杨氏的身体开始出状况了，经常病病歪歪的，和郭威结婚好几年了，也没有生下一男半女的，她正想着为郭威再讨两房女人，张氏守了寡，如果把她讨过来，姐妹能天天见面，也不是件坏事。只是张氏没有自己长得标致，不知道郭威会不会在意。

趁着某一天郭威有了空闲时间，杨氏就把自己的想法告诉了他。

杨氏那个姓张的女友和姓董的女友郭威都见过，姓张的女人端庄沉稳大方，像个大家闺秀，姓董的女子清秀可爱，风姿绰绰，性格活泼泼辣，郭威不知道她说的是哪一个。

杨氏调侃，"原来我的姐妹们你都惦记着呢？两个妹妹你到底喜欢哪一个？"

郭威说，"你的好姐妹我哪能抢过来呢，那不就太不仗义了嘛！"

董妹妹那时候还不是寡妇，到处混战的岁月里，男人的生命比女人更没有保障更脆弱，待到杨氏下一次再提及给郭威讨二房的事，张氏和董氏已经齐刷刷都变成了寡妇，和好姐妹抢一个老公的爱情，在今天那绝对是不可思议的，谁如果摊上这样的闺蜜，算是凄惨到家了。在古代的中国，这事儿很正常，她们之间算是互助了，杨氏觉得闺蜜是自己知根知底的，不会抢自己的大太太饭碗，两个寡妇闺蜜觉得，杨姐姐惦记着自己，自己过上了幸福生活，也不忘记和姐妹分享，她们乐意加入到郭威女人队伍中，帮着杨姐姐一起拢住那个男人的心，不能让别的小狐狸精把杨氏的正房地位篡去。

只是怕人家郭威不同意，已经娶了两房寡妇了，再招进两个寡妇，岂不变成了二手女人收购专业户了，即使他自己没有处女情结，外人会怎么看？

人家郭威不是嘴上说不在乎，是真的不在乎，居然把来自正定府的这两个寡妇兼收并蓄了，加上杨氏，后院里一下子储存了三个正定寡妇。

这三朵寡妇花中，杨氏率先因病凋零了，张氏续上去，由小老婆变成了郭威的第三任正房，替他常驻京城的军区大院管理家政，她沉稳冷静，很有管理才能，把家管理的井井有条，依然还是小妾的董氏大概是作为随军家属常年跟随在郭威身边做他的生活秘书的，所以后汉王朝的屠戮中她才有可能侥幸没有被杀。

董氏的身世很富传奇色彩，她原本也是富人家的女儿，七岁的时候在兵荒马乱中跟着家人逃难，纷乱中和家人走散了，那瞬间的情景永远曝光在记忆的底片上。逃难的队伍拥堵混乱，有军队经过，难民惊慌失措奔逃，董氏在嘈乱中找不到家人了，她哭得嗓子都嘶哑了，面前没有一张熟悉的面孔，后来一位军官把这个又累又饿的小女孩领走了，带回自己家收她做了养女。养父母对她很宠爱，在将军家里生活了六年，她和杨氏最初的友谊就是从那个时候开始的，因为都是官员的女儿，她们才有机会成为闺蜜。董氏的家人一直没有放弃寻找她，打听到将军收养了一个和家人失散的女孩，他们就找来了，将军是个很讲人情的好人，在他们亲人相认之后，忍痛割爱把董氏送回了亲人身边，长大后这个俊美的女孩子嫁给了后晋的一位名叫刘进超的官员。小夫妻很恩爱，没想到辽国进攻后晋，刘进超被辽国军队杀死，董氏年纪轻轻成了寡妇。再嫁郭威之后，她很珍惜再婚的幸福生活，郭威让她干啥她都是无条件服从，郭威让她跟着随军到处征战，她放弃首都军区大院的安逸幸福生活就出发了，这一去却躲过了一场生死劫杀。

后汉隐帝对郭威一直不信任，为了除掉隐患，派人把郭威在京城的家人二十余口一个不剩全都杀掉了，连刚出生的孩子都不放过，他的第三任夫人张氏就在这被杀的行列中。

现在，郭威的二手女人老婆团队中，只剩下了一个董氏，郭威对这个唯一存活下来的女人更加珍爱，他当上皇帝后，到了册封皇后、皇妃的环节，历任老婆的音容笑貌一个个清晰浮现在记忆中，她们都是一些多么优秀的女人啊，为了自己都曾经付出过很多，他追认发妻柴守玉为皇后，追封杨氏为淑妃，追封张氏为贵妃，陪在身边的董氏被封为德妃。当上皇帝之后，郭威又从全国各地选了些美女支撑起一个后宫，在这些后宫女子队伍中，董氏就是大姐大，不但职位最高，权力也最大，由她来掌管后宫。

都说寡妇命硬，有克夫的嫌疑，郭威的命却比这些克夫的女人们厉害多了，董氏也没克过郭威，甘拜下风地在郭威去世的前一年夏天病逝了，她死后，郭威突然老了许多，虽然刚刚五十岁，却像一个风烛残年的老人，精神萎靡，身体彻底垮了，半年之后，他追随自己的四任寡妇老婆而去，和那一后三妃一同葬在了嵩陵。

5 寡妇婶娘和侄子皇帝的爱情
——后晋出帝石重贵的冯皇后

从篡夺老丈人家的政权这方面来说，石敬瑭不是个讲义气的厚道人；从卖国当汉奸充当契丹人的儿皇帝这方面说，他不是一个有气节的正直人；从他宠爱弟弟石重胤和侄子石重贵这方面讲，他又是个很有人情味的善良人。

石敬瑭这一辈一共弟兄几个不太清楚，能查到的有关记载，至少有个名叫石敬儒的大哥也就是石重贵的老爸，有个名叫石敬威的弟弟，他最小的弟弟当初叫什么名字不知道，后来被石敬瑭当儿子养着，他给这个小弟弟取了个和儿侄辈大排行的名字，叫石重胤。

从名字上看，石重胤和石重贵是哥们儿关系，其实他们是亲叔侄，石重胤是石重贵的亲叔叔，但是他们两个都被石敬瑭当做儿子一样收养，这就有些乱了，搞得石重胤自己都不知道算是石敬瑭的儿子还是兄弟，石重贵就更糊涂了，石敬瑭和石重胤本来都是他的亲叔叔，却人为地把各种角色重新洗牌了，现在各种关系很乱套，特别是石重胤娶回了美女冯氏之后，就更论不清辈分了，石重贵不知道管她叫大嫂还是叫婶娘。

冯美女的老爸是邺都副留守，石敬瑭在邺都当留守的时候，冯副官和他是一个领导班子的搭档，石敬瑭发现自己的副手家里有个漂亮女儿，如果是别人家的孩子，说不定他就亲自娶到家里当小妾了，自己副手的女儿，如果据为己有别人会说自己利用职务之便打秋风。但是这样一个美艳的女子，肥水流了外人田就太遗憾了，他想出的万全之策是让冯家小妞做弟弟兼养子石重胤的新娘，石重胤比冯家小妞大几岁，但也算郎才女貌，年岁相当，冯副官和女儿都很满意这桩姻缘，提亲没多久就结婚了，典型的闪婚。

叔叔兼哥哥石重胤新婚大喜的日子，石重贵不论是作为侄子，还是作为弟弟，都可以大闹洞房，冯氏揭开盖头的一刹那，准备闹洞房的石重贵就惊呆了，世上还有这样没有任何瑕疵冰清玉洁的美女？石敬瑭真是偏心，这样的美色怎么不介绍给他石重贵，他也到了谈婚论嫁的年龄了。

虽然这个美女成了石重胤的老婆，但是新婚头三天没大小，自己可以趁着闹洞房狠狠揩这个美女的油，石重贵闹洞房很卖力气，搞得力度很大，冯氏还没和新婚丈夫牵过一次手，就被这个小帅哥又搂又亲的，她脸羞得彤红，嗔怒的目光看石重贵时，碰上的是石重贵满目的深情，冯氏心慌意乱，心怦怦狂跳，长这么大，还是第一次遇上有男人用这样的目光与自己大胆对视。

石重胤也感觉石重贵闹洞房的热情和激情太高涨了，他又不敢恼，那样显得自己太不男人太小气了，他也看出了石重贵很喜欢自己的新娘子，当石重贵一边一口一个嫂子叫着，一边肆无忌惮对新娘子动手动脚的时候，石重胤终于忍无可忍更正说：对婶娘哪有这样不尊重的，明明是婶娘，怎么叫开嫂子啦？

所以，从冯氏一进门，就被明确为她是石重贵的婶娘，既是婶娘，以后的日子里石重贵就必须对这个女人放尊重些，长幼必须有序，哪有侄子调戏婶娘的？

这个辈分的定调从一定意义上束缚了石重贵的行为规范，他暂且收敛起对小婶娘的非分之想，但是暗恋总可以吧，人家不付诸于行动，只是活动活动心眼儿和眼神儿。活动心眼儿当然没人知道，但是活动眼神儿就有了危险系数，他的眼神儿冯氏都一一看懂了，并回赠给他一些含情脉脉的精神奖赏，鼓励起他更大的勇气。

实话实说，石重胤心里明镜似的看得出石重贵和自己老婆之间的那点小情调，他睁一眼闭一眼装看不见，他想的是，你喜欢也白喜欢，这个女人永远是我的老婆你的婶娘，他就没想过自己是个薄命人，结婚没两年一场大病就让石重胤早早走上黄泉路，丢下美丽的小寡妇冯氏独守空房。

石重贵虽然从第一眼看到婶娘之后就动了心思，但那毕竟是叔叔的老婆，到了自己结婚的时候，他左挑右选的照着婶娘那个类型的娶回一个姓张的女孩儿，张氏的眉眼间很有些婶娘的影子，小夫妻还算恩爱，后来被封为魏国夫人，只是这个张氏红颜薄命，在石重贵作汴京留守的时候，她忽然得了场病匆匆忙忙就凋零了，石重贵为亡妻哀悼了几天，就开始琢磨重新找一个合适的女人，此时，他的婶娘冯氏恰好沦为寡妇了，整天郁郁寡欢，泪眼看花两无语。

石重贵能眼巴巴看着自己喜欢的女人以泪洗面吗？他适时补上叔叔的缺儿，时不时抽空儿到冯氏房里去安慰婶娘。他究竟怎么安慰的，没人知道实情，只是很快冯氏的房里又传出欢声笑语，石重胤刚逝去的时候，冯氏面目凄楚，她的美丽看上去随时都要凋零，经过了石重贵的春风拂煦，她的娇媚骤然间重新绽放，而且更加楚楚动人，据说，有了爱情的女人才会这样。

石重贵和冯氏的爱情在家族间传得拂拂扬扬，那时候，石敬瑭已经当上了后晋高祖，他也让李皇后劝过他们，别太张扬了，把不伦之恋敲锣打鼓搞得世人皆知，让天下人笑话咱皇帝家怎么这么不讲究啊。石重贵和冯氏明着有所收敛，暗里爱的更加热络，他们的爱情看上去很真诚，李皇后也不好棒打鸳鸯，人世间找到一份真爱不容易，只要他们悄默声的别太招摇，只当没有这回事。

石敬瑭是公元 942 年的夏天去世的，石重贵在世界上最怕的一个人就是石敬瑭，现在最怕的这个人已经死去了，作为后晋的准皇帝，他还怕谁？既然谁都不怕了，他想做什么就做什么，他最想做的第一件事就是名正言顺地把婶娘冯氏转化为自己的女人。他装模作样在石敬瑭灵枢前哭了两嗓子，穿着孝服众目睽睽之下就穿堂过室到冯氏房间和她幽会去了。

他的突然到来让冯氏感觉措手不及，他一身重孝把冯氏紧紧拥在怀里，让她有些喘不过气来。她又兴奋又惶恐："你怎么这个时候过来啦？你是孝子，要守着先皇的灵位。"

石重贵捧着冯氏俊秀的脸，深深凝视：真是个精美的尤物，自己活了二十八年，只对这一个女人真正动过心思。他从见到她第一眼就爱上了她，爱了这么多年，等了这么多年，他已经等到了心理极限，一刻也不想再等待了，他要立即让这个女人成为自己的女人。

冯氏听石重贵说马上要和她完婚，吓得连连摇头："等先帝安葬之后我们再从长计议，那边棺材还没殡葬，咱们在这边办喜事，会被人耻笑的，再说我们这辈分，我毕竟是你的婶婶。"

石重贵把冯氏搂到自己腿上坐下，故意轻声呼唤："婶婶，婶婶，你倒是答应啊。哈，世上有你这样坐在侄子怀里的婶婶吗？"

两个人在床上滚成一团，把叫床声搞得山呼海啸，这动静和哀伤肃穆的皇宫大氛围形成巨大反差，有人悄悄把这些信息反馈给李皇后，还没等到李皇后传讯，石重贵自己找上门来，直截了当对养母说："我想娶冯氏做老婆。"

李皇后以为自己听错了，石敬瑭那边尸骨未寒，他不急着发丧养父，自己居然提出在养父棺椁前办喜事，真是太有创新意识了，见过不要脸的，没见过这么不要脸的。既然你们的情感这么多年都已经这样过去了，还在乎这几天？

石重贵说，"我一会儿都不能再等了，今天晚上就完婚。"

李皇后长叹一声："你忘了，你马上就是皇帝了，做事怎么还这样冲动。也罢，你办你的喜事，一是不能大操大办，二是在先帝的灵柩前装也要装出个样子，不要喜形于色。"

不大操大办石重贵能做得到，让他不喜形于色，却是无论如何都做不到，一走出李皇后的房门，他就兴奋的一溜小跑直奔冯氏住处，这一路他快乐的一塌糊涂就差哼着小曲儿了，他之所以这样不顾一切匆匆忙忙在葬礼上娶这个多年的地下情人，最重要的原因是，他想自己登基后，立即就可以册封冯氏当皇后，他要冒天下之大不韪，让这个女人变成自己的老婆，然后，为了这么多年的痴情，给她一个最好的礼物———一顶皇后的桂冠。

那边石敬瑭的棺材还停放着，盛夏时节，停放棺材的地方不得不用那个年代最先进的降温手段实施降温措施。这边石重贵的婚礼红红火火开始了，各路官员，文武大臣都奔婚礼那边了，石敬瑭的灵堂冷冷清清，一个已经走入坟墓的死皇帝，和即将登基的新生代相比，冷热不均是人之常情。

婚礼上，女主角精心装扮粉墨登场了，虽然距离当年第一次做新娘已经十多年了，但是岁月并没有在她的脸上留下雕琢的痕迹，她比那个时候少了些青春，多了些娇媚风姿，她美目流盼，含情脉脉地看着马上就转正的情夫，从今以后她不再是他的婶娘了，名正言顺成为他的老婆，为等这一天她等了这么多年。这场面好隆重好热闹，群臣们自从石敬瑭去世后不敢言笑，今天彻底放开了，大家都来祝贺准皇帝的新婚。婚礼仪式结束后，石重贵对来贺喜的官员们说："谢谢各位赏光出席我的婚礼，遵照太后之命，不能和众爱卿一起举行重大庆典，大家先回去吧，等先皇入土为安之后，再请诸位补喝喜酒。"

他说的太后，就是李皇后，说话的时候其实还没有转为太后。

不让大臣们喝喜酒了，石重贵和冯氏自娱自乐，两个人关上门对斟对饮起来，杯觥交错，庆贺他们的爱情终于修成了正果。

两个人喝了很多酒，都有些醉意朦胧了，这种寂寞的婚宴让石重贵依然有些不光明正大的感觉，他觉得，现在已经不是偷情了，也该向先帝石敬瑭第一时间汇报一声，他和婶娘冯氏结婚了，让他的在天之灵给他们一点儿祝福。石重贵拉着冯氏的手歪歪斜斜走向停放石敬瑭灵柩的地方，两个人勾肩搭背，深一脚浅一脚走到高祖灵柩之前，石重贵舌头有些短了，端着酒杯洒酒祭拜之后，显得既庄重又滑稽地祷告说："皇太后说了，我新婚大喜在先帝面前不能显得太高兴了。可是我要向您通报一声，今天我和冯氏结婚了，现在婶娘是我的正式老婆了。"

　　旁边的人们被这出滑稽戏搞得忍俊不禁，都捂着嘴吃吃偷着笑，石重贵大概也感觉出眼前这情景确实有些搞笑，自己也扑哧乐了，对旁边守灵的人们说："我今天当了新女婿，大家看我这新女婿怎么样？"

　　冯夫人本来想装出点肃穆的样子，让石重贵逗得实在忍不住了，也大笑起来，正当大家笑成一团的时候，李皇后正走进来，她恼恨地看着那对不顾人伦的男女，对着石敬瑭灵枢，痛哭流涕，石重贵和冯氏尴尬地僵在那里，刚才还喧嚣热闹的灵堂这会儿骤然沉寂下来，只有李皇后的啜泣声。

　　石敬瑭葬礼之后，石重贵举行登基大典成为后晋出帝，第二年十月，石重贵在册封冯氏为皇后的同时，也没忘记追册前妻张氏为皇后，从这一点看，他多少还算是有些人情味的。冯氏从寡妇到新娘，到皇后，仅仅用了一年多的时间，她一步一个台阶跨越式进步。也许一切来得太容易了，她并不知道珍惜，作为皇后，经常参政议政。如果她是个有政治才能的女人，参政议政也未尝不可，摊上石重贵这种不懂政治的皇上，确实需要有个有政治才干的人帮衬一把，冯皇后虽然一点儿都没有政治才能，但是知道权力是个好东西，所以把她的大字不识一个的文盲哥哥冯玉从礼部郎中、盐铁判官一下子提拔为端明殿学士、户部侍郎。这个皇上的大舅哥因为不识字，只要沾文字上的事都要找人代笔，就这样的水平，后来居然当上了比宰相地位还高的枢密使。冯皇后因为自己和石重贵的爱情来之不易，她对宫里的那些女人们严格约束，怕只怕哪个小狐狸精抢走石重贵的感情，为了拢住石重贵的心，她陪在身边不分昼夜地纵乐，其他宫女根本就别想靠前，只有对她表忠心的，和她关系特别铁的，才偶尔给一点机会，比如赵氏、聂氏之类的，都是经过了她严格把关，才成为石重贵的宠姬。

皇后的好日子不过就过了三年，后晋就让契丹人灭了，冯皇后跟着石重贵作为俘虏北迁辽国，风餐露宿，忍饥挨饿，倍受凌辱，经历了许多磨难。石重贵的宠姬赵氏、聂氏和小女儿都被契丹人强娶回家做老婆了，好在他们没把冯皇后从石重贵身边抢走。她和石重贵最后辗转到建州，堂堂的皇后变成了农妇，在年复一年日复一日的劳作中，她变成了和所有农妇没有什么区别的乡村老太太，那曾经的辉煌，那绚烂的爱情都已经成了昨日的过眼烟云，没人知道她这个皇后死于哪年，最终葬在了什么地方。

6 要江山更要美人
——辽圣宗耶律隆绪的妃子李芳仪等

自古英雄爱江山，亦爱美人，任是一个怀揣雄才大略的英雄，也都是铁骨柔肠。

几千年的男权社会，江山和美人都是男人的最爱，不是所有男人的一生中都有江山情结，但所有的男人都有美人情结。乱世的江山风水轮流转，当打下江山之后，不管是什么样的英雄侠士，都会寻找一份浪漫，男人夺了江山，基本上不会放过那里的美人，当然，最直接最抄近的浪漫方式就是把前朝皇宫里的美色收归己有，坐拥江山与美人，可以不费吹灰之力。

赵匡胤和赵光义哥俩儿在这一点上就很想得开。蜀后主孟昶被灭了之后，他的后宫有数不清的美色，别号花蕊夫人的费贵妃就被赵匡胤一眼看上了；南唐国主李煜被消灭后，他的小周后成了赵光义的女人，连李煜的妹妹永宁公主都没逃脱这种命运，据说她先是被赵光义收纳归后宫队伍，后来又被辽圣宗耶律隆绪俘获，成为辽圣宗的妃子。

赵匡胤和赵光义哥俩儿和花蕊夫人那点事儿就不多说了，几个男人都喜欢这个女人，当然是谁的腰杆子和枪杆子硬，这个女人就归谁，乱世女人，连生命都没有自主权，爱情哪里来的自主权？花蕊夫人的第一个男人是蜀后主孟昶，亡国之后，虽然赵匡胤捷足先登把花蕊夫人收编到自己后宫，成为他最宠爱的女人，但是，费花蕊还是念念不忘她的前夫孟昶。那时候，孟昶随着他的江山和美人的改旗易帜，已经郁郁而死，费花蕊并不爱现任老公赵匡胤，当然，更不爱暗恋她的现任小叔子赵光义，赵家兄弟为了这个女人，都很伤脑筋。后来赵光义使了个英明的毒招儿，借打猎为契机，乱箭中偷偷朝着暗恋的美人射出一箭，那个优美的身影应声倒下，一切爱恨情仇从此尘埃落定，赵匡胤兄弟和花蕊夫人的情事一笔勾销。

赵光义这个人做事一贯不地道，哥哥收编蜀后主的花蕊夫人让他羡慕嫉妒恨，一箭把一切了断之后，新的机遇又来了，南唐又被他们灭了，南唐后主李煜的后宫里，存储的美女比孟昶的后宫还多，而且都是江南美女，个个风拂杨柳般风姿绰绰，最养眼的就是李煜刚娶的小周后，她原本是李煜的小姨子，姐姐活着的时候就和姐夫眉来眼去的玩婚外情，本来重病在身的大周后受不了这刺激，加速了回归步伐，姐姐郁愤而死之后，小周后立即继承了姐姐的位置和头衔。她大抵是爱李煜的，至少，在李煜和赵光义之间作比较，她爱李煜更多一些。

如果赵匡胤还有能力和精力，新缴获的美女就没有赵光义的份儿，李煜的江山和美人刚收编过来，还没来得及盘点，赵匡胤就死了，把所有的机会都留给了赵光义。自从一眼相中了小周后，赵光义心里就放不下了，他隔三差五把小周后传唤到自己的寝室谈话，每次谈话后回到李煜身边，小周后都是又哭又骂，李煜就明白了原来人家谈话的场所是床上，绿帽子公然被戴在头上的感觉一定很难受。一开始谈话是一对一的，赵光义觉得还不过瘾，非要找人见证记录一下，就让画院的著名画师亲临现场，把他和小周后做爱的现场如实绘制出来，这张画就是著名的《熙陵幸小周后图》，帝王亲自做裸模，大张旗鼓搞涉黄活动，他的无耻算得上前无古人，后无来者。

虽然赵光义很喜欢小周后，却没有把她纳入自己的后宫，他大概铁了心要让李煜把绿帽子顶到坟墓里去，小周后的身份一直是"违命侯"李煜的老婆。或许对这个前朝的二手女人他就是玩玩而已，但是李煜的妹妹永宁公主是金枝玉叶原装黄花女儿身，据说对这个前朝美丽公主，赵光义也没有客气，直接放在自己后宫的正式编制里，对这个见过世面的皇二代，赵光义并不埋没人才，有重大活动的时候随时带在身边，甚至带着她随侍御驾亲征，所以永宁公主才有机会在宋辽战争中被辽圣宗俘虏，最终成为了辽圣宗的妃子李芳仪。

李芳仪被一些研究花边历史的人称为中国历史上唯一一个嫁了两个皇帝的公主，她究竟嫁没嫁赵光义，经过上千年扑朔迷离的历史，已经搞不清楚了，她最后一任老公确实是辽圣宗，之前究竟是宋太宗赵光义的老婆，还是政府官员孙某某的老婆？还是先做了孙某某的老婆，后来被赵光义抢到后宫？各种说法都有，作为后唐的倒霉公主，李芳仪至少嫁过两个以上的男人，国亡家破之后，至少曾经被抢到天苍苍野茫茫的遥远塞外，成了辽圣宗的女人。

南唐中主李璟是个很文艺的皇帝，他讲究生活品味文化品位，一贯奢侈无度，作为李璟的女儿，永宁公主也就是后来的李芳仪骨子里流淌的贵族血液注定她也是高傲浪漫精致的女孩，秦淮河水养育她肤如凝脂，金陵宝地造就了她江南美女婉约的神韵和气质。老爸过早的离世并没有影响到她锦衣玉食的贵族生活，她和哥哥李煜的兄妹感情很深，这个哥哥虽然柔弱了些，但他毕竟是皇帝，她从来没想到这么强硬的靠山在不久的时日内骤然间就土崩瓦解了。

大宋打过来了，南唐灭了，昔日的公主还不如南京城里一户普通人家的草根小妹，她们至少还有一个遮风避雨的破屋，永宁公主李芳仪无家可归，只能跟着皇室里的亲戚们浩浩荡荡从南京迁到开封。

开封那个陌生的地方，是人家大宋的京城，在这里，懦弱的哥哥李煜显出了他的诗人本质，他连自己都保护不了，哪还有能力保护老婆和妹妹。小周后成了赵光义的编外女人，永宁公主李芳仪一个弱女子，未必比小周后的境遇强多少。

按照第一种传说，她被赵光义填充进后宫，是一种无奈的选择，作为亡国之君的妹妹，活着就是硬道理，她无力掌握自己的命运。

还有一种传说，她到了开封后，嫁给了一个姓孙的军官，小孙在开封不过就是一般军官，熬啊熬啊，熬了十来年，后来到今天河北省的武强县任都监一职，这个职务相当于现在地方的武装部长。公主嫁给一个武装部长，无论如何都算是下嫁，对于已经落草为民的永宁公主来说,这样的命运已经算是很不错了。那时候的武强县是宋朝的边境地区,和辽国接壤,辽宋之间经常敲敲打打的发生冲突,所以孙某某的武装部长也不好当,永宁公主跟着丈夫到武强工作,在一次边关争夺战中,孙某某战败身亡,永宁公主等家属被辽军俘虏了去。

辽军很遵守规矩,俘虏到永宁公主这样成色的绝代美女,一般军官不敢轻易私吞,立即层层汇报上去。新上任不久的辽圣宗耶律隆绪还是个十几岁的青葱少年,刚开始听说俘虏了一个大宋美女,长得非常非常美丽,少年皇帝耶律隆绪暗自讪笑,一个三十岁的老女人,还能美到哪里去?底下的官员就知道瞎忽悠,大惊小怪的,真是没见过世面。

通报情况的人说,这女人原来是南唐的公主。

辽圣宗耶律隆绪之所以要见一下这个女人,并不是因为大家传说中她有多么美丽,而是冲着她是南唐的公主,他想见见南边国家的公主长什么样。这一见,就把小皇帝的眼球吸引住了,这女人有三十岁吗?她白皙俊美,风姿绰约,纤秀婉约,比辽国这边的豆蔻少女看上去都显得面嫩,最重要的是人家有气质,这江南美女的气质绝不是塞外草原女孩儿能修炼出来的。

辽圣宗耶律隆绪忘记了永宁公主的年龄,其实她比他大出十多岁,从年龄上说,他们根本就是两代人,当年永宁公主含泪离开南京的皇宫时,耶律隆绪还是叼着奶嘴的小屁孩儿。可是这个小屁孩儿皇帝却喜欢上了永宁公主,决定把她留在自己的后宫。

永宁公主留下了,她必须留下,现在她是人家辽国的俘虏,就像当年她的家国覆亡之后成为大宋的俘虏一样,作为鱼肉,是没有权利选择刀俎的切割方式的。她未必喜欢姐弟恋,未必能爱上那个嘴上没毛的塞外少年，她无奈，辽圣宗耶律隆绪拍板了：这个女人我留下了，充进我的后宫做妃子吧！永宁公主从此便与一群小自己很多岁的青春美少女一起混迹在辽国的后宫，成为辽圣宗的芳仪。芳仪是古代妃嫔的封号，属于正二品，最高级别是皇后，再往下面是三夫人，也就是妃子们，之后就是六仪了，也就是说这个李芳仪也算是皇上很器重的女人。

李芳仪在塞外为辽国皇宫普及了许多南方汉族的文化音乐知识，从某种意义上说，她其实就是辽圣宗的汉语言文学兼音乐老师，趁着辽圣宗的母后萧太后一时半会还没有把政权全部交给他的空闲时段，李芳仪认真为自己的小丈夫补课，到圣宗正式掌权的时候，已经相当于研究生毕业了。在辽国，据说李芳仪还为圣宗耶律隆绪生了一个名叫赛哥的女孩，这个女孩子是圣宗的第十三公主，长大后嫁给了辽北府宰相萧海璘之子萧图玉。

一个前朝的公主，一生做了两个国家的俘虏，没人在意她的命运，但她在辽国却算是一个传奇，否则，从辽国弃暗投明的高官赵至忠不会在他的《北廷杂记》中重墨记载李芳仪的传奇故事，因为这本描写辽国生活的书，让宋朝人知道了南唐丢了江山之后，美丽的永宁公主几易江山几易夫君，最终流落塞外。

赵至忠的随笔虽然在那年月没有什么发行量，但是碰巧还是让苏轼的学生晁补之读到了，读到有关李芳仪那个篇章，晁补之有了写诗的冲动，当即就写出了《芳仪曲》：

> 金陵宫殿春霏微，江南花发鹧鸪飞。风流国主家千口，十五吹箫粉黛稀。满堂侍酒皆词客，拭汗争看平叔白。后庭一曲时事新，挥泪临江悲去国。令公献籍朝未央，教书筑第优降王。魏俘曾不输织室，供奉一官奔武

强。秦淮潮水锺山树，塞北江南易怀土。双燕清秋梦柏梁，吹落天涯犹并羽。相随未是断肠悲，黄河应有却还时。宁知翻手明朝事，咫尺人生不可期。苍黄三鼓滹沱岸，良人白马今谁见。国亡家破一身存，薄命如云信流转。芳仪加我名字新，教歌遣舞不由人。采珠拾翠衣裳好，深红退尽惊胡尘。阴山射虎边风急，嘈杂琵琶酒阑泣。无言遍数天河星，只有南箕近乡邑。当时千指渡江来，同苦不知身独哀。中原骨肉又零落，寄诗黄鹄何当回。生男自有四方志，女子那知出门事？君不见，李君椎髻泣穷年，丈夫飘泊犹堪怜。

《芳仪曲》通篇都是李芳仪去国怀乡的抑郁和幽怨，细思量，这个女人一生的主旋律应当是一个怨字，一辈子漂泊流离，谁夺了江山就做谁的女人。她的命运大起大落，忽而是公主，忽而又成了亡国罪人，不管是赵光义的妃子，还是官员的妻子，最终变成了辽国的宫奴确定无疑。她最终幸福不幸福，没人采访过她，但是幽怨总是会有的，这一点可以确定。

第四篇

乱世南国凄情

五代十国的南国宫廷女子温婉而多情，她们罗裙
束身，柳眉桃脸，轻歌曼舞，绮靡温馥，脂香腻粉中
偏安一隅，袅娜在花间香风里，却不知这声色犬马的
日子后面，隐藏着怎样的凄楚未来。

1 史上第一位波斯裔女诗人的后宫生涯

——前蜀后主王衍的昭仪李舜弦

中国文学史上第一位西亚波斯裔女诗人叫李舜弦，是五代十国时期前蜀第二主王衍的昭仪。从诗歌盛世大唐刚刚跨出来，诗人不像今天这样边缘化，那个年月任你是什么货色，一旦被大家公认为诗歌写得好，那你的日子就好混了。

李舜弦兄妹都沾了诗歌的光，哥哥李珣成为五代十国前蜀著名词人，妹妹李舜弦因为文美人美，被选进后宫成为皇帝王衍后宫的女人。

历史上有不少兄妹诗人，和李家兄妹最相像的是晋朝的左芬和哥哥左思，左芬也是因为才情过人被晋武帝司马炎划拉到了自己的后宫里，给了个贵嫔的待遇。但是，左芬的容貌没有李舜弦美丽，前蜀第二主王衍属于外貌协会的，对于后宫招聘的宫女，在容颜方面行使一票否决权，不管多有才的女孩，长得太恐龙了，坚决不可能走进他的后宫，所以说李舜弦不但是才女，还是美女。她的美丽非常独特，因为她是西亚波斯后裔，身材高挑纤瘦，肤色白皙，大眼睛高鼻梁五官轮廓分明，甚至她的头发都有些卷曲，她的美丽很另类，王衍未必是因为她有才而喜欢她，搞不好是猎奇她另类的美。

李舜弦家族本来不姓李，隋朝的时候，从遥远的波斯移民到中国经商，做些倒买倒卖之类的跨国进出口贸易。后来唐朝替代了隋朝，皇帝姓李，李舜弦的祖爷爷紧紧团结在李唐王朝周围，把自家的姓氏改姓了李，他们家和朝廷的关系一直很密切，据说后来唐敬宗在长安修建宫室，有一个叫李苏沙的波斯商人进献建造沈香亭的高档木料，这个商人没准就是他们这个家族的。黄巢起义的时候，为了躲避乱世，李舜弦祖爷爷跟着唐僖宗逃到成都，弄了个一官半职的，之后这个家族就搬到了四川，定居在梓州，也就是今天的四川三台，这支外迁过来的胡人被称为蜀中土生波斯。

到了李舜弦这一代，她至少有一个哥哥，一个弟弟，他们基本上不会经商了，哥哥李珣有两个爱好，写诗和制作香料丹药，制作香料丹药是他们家祖传的手艺，弟弟李珣除了喜欢炼制丹药，另外一个爱好是做驴友。

王衍做前蜀后主的时间是 918 至 925 年，李舜弦被选入后宫的时间大约在 920 年左右，王衍也属于选错了职业的皇帝，他做皇帝实在不在行，政治上昏庸无能，搞艺术却很有天赋。他老爸王建之所以在十一个儿子中选中了他这个最小的儿子当皇帝，一则因为王衍的老妈徐贤妃是王建最宠爱的女人，二则也因为王衍长得很有皇帝的福相，按照历史的记载，他的容貌：方颐大口，垂手过膝，顾目见耳。另外，王衍诗词歌赋写得不错，在牛贩子出身的王建心目中，有文化就能治理好国家，他放心地把革命重担交给王衍，就安心地躺进精心打造的永陵里长眠了，他没想到这个这个表面上看很有福相的孩子上岗之后根本就不安心本职工作，用一句术语来说，就是荒淫无道。

王衍的最大爱好就是玩乐，在吃喝玩乐上他很有创新意识，为了有一个专门玩乐的场所，亲自设计，大兴土木修建了宣华苑，在全国各地搜罗来一些美女陪着他喝酒吟诗卡拉 OK。王衍仗着自己年轻体格好，把主要精力都放在饮宴上，他的酒宴可以连轴转，夜以继日，从早到晚不停歇地日夜喧闹。猜想李舜弦就是那个时候被招进王衍的后宫的，这里需要大批的美女，像她这种美女加才女，正是王衍求之不得的，她不但可以陪酒，还能陪着吟诗，这样的好品质三陪属于特殊人才。

高皇后因为观念陈旧，不喜欢皇宫的娱乐活动，甚至经常在背后说些风凉话，已经被王衍淘汰掉了，后来又从民间引进了不少有些姿色的美女，但凡是够得上美女标准的，不管结婚没结婚，都要无条件应征入宫，当然，这些女人除了会陪睡，不会写诗，在这一点上，李舜弦有一招鲜。

王衍喝酒玩乐的时候需要女诗人做点缀，外出旅游的时候，也需要女诗人陪在左右即兴吟诗助兴。王衍爱好旅游，王衍的亲妈徐太后和亲姨妈徐太妃都喜欢旅游，她们每年都要到附近的名山大川搞几次豪华游。最隆重的一次旅游活动是王衍和太后、太妃隆重地兴师动众游青城山，这次旅游活动李舜弦参加了，并认真地记录在她的《随驾游青城》诗中：

> 因随八马上仙山，顿隔尘埃物象闲。
>
> 只恐西追王母宴，却忧难得到人间。

实话实说，这首诗写得并不是很好，如果是一个著名男诗人写的，早就当做垃圾文字消失在历史深处了，因为这是女诗人写的，古代的女诗人凤毛麟角，特别是写纪实性新闻报道类型的宫廷女诗人，她的诗句再水，也会被存留下来。这首诗的意义在于，它不单单是一首诗，还是一篇纪实报道，某年某月某日，王衍和母后带着宫女们到青城山游玩，他们登上了上清宫，在那里休整，李舜弦的诗就是在那个地方写的。

那一天，宫女们的装扮很搞笑，她们戴金莲状的花冠，王衍亲自动手替她们设计了云霞道服，在她们的服装上都绘画了云霞，李舜弦也穿了一身这样的云霞道服，她们的脸上涂满朱粉，一个个像画了浓妆的舞台演员，号称是"醉妆"，上清宫的酒宴上，她们婷婷袅袅的为皇帝太后跳舞助兴，远远看上去飘然若仙。

酒过三巡菜过五味之后，王衍亲自上阵了，他唱起了自己作词作曲的《甘州曲辞》：

> 画罗裙，
>
> 能结束，
>
> 称腰身，
>
> 柳眉桃脸不胜春，
>
> 薄媚足精神。
>
> 可惜许沦落在风尘。

皇上亲自演唱，宫妓都应声而和，那滑稽的场面，谁能想到领唱的就是一国之君呢。这场景让李舜弦有些头脑晕眩，自己也有些飘飘欲仙的感觉，所以就有了诗歌《随驾游青城》中的意象。

其实这种云霞道服平日里在皇宫游乐的时候宫女们也穿，王衍还为自己设计了一种新奇的头巾式帽子，他在自己头上裹一块头巾，把最上部搞得尖尖的像个锥子，他让宫女们画上"醉妆"，大家都装扮齐整之后，就开始齐声高唱他自编自导的《醉妆词》：

> 者边走，那边走，只是寻花柳。
> 那边走，者边走，莫厌金杯酒。

都说王衍的文学造诣有多深厚，看这首大俗之作《醉妆词》，实在不敢恭维，诗句一点都不含蓄，太直露了，不过就是一首白话打油诗。相比之下，李舜弦的《钓鱼不得》艺术水平就高多了：

> 尽日池边钓锦鳞，芰荷香里暗消魂。
> 依稀纵有寻香饵，知是金钩不肯吞。

这首钓鱼的诗不知道写在什么时期，进皇宫之后，忙着陪伴王衍应酬的李舜弦还有时间垂钓吗，等她有了时间，还有那样闲适的心情吗？李舜弦不过是王衍众多女人中的一个，王衍这个人，做任何事都没有长性，他从来没有一心一意长久地爱过哪个女人。宫里采撷到了那么多美色，但偶尔在外面看到谁家的美女，他不管是谁家的，不管人家同意不同意，一概要想方设法搞到手。某个冬日他到阆州视察，看上了一个姓何的美女，立刻强行拉过来，人家丈夫不干，他拿出了一百匹帛赐她的丈夫，告诉他：你的老婆归我了，你另娶一个吧。赶上这女人的丈夫死心眼，想不开悲痛死了。之后又把自己的表妹徐小姐搞到宫里，王衍居然还懂得对熟人甚至亲戚下手不太好意思，所以对外掩饰表妹的身份，最终给了个妃子的待遇。再后来，他又看上了地方政府官员宣徽使王承休的老婆，明目张胆和她搞婚外情，王承休脑子比那位阆州女人的丈夫脑子灵光得多，他决定用头上这顶绿帽子换来政治利益和经济利益，他做了龙武军都指挥使之后，又盯上秦州节度使的职位，拉着一车皮绿帽子来到秦州，把那里的美女们都划拉到皇帝床上，和自己的老婆做同一战壕的战友。

有些女人大都是王衍的一次性消费品，但是李舜弦不是，她是有头衔的，她是昭仪，正二品，是九嫔之首，这个职位在后宫的女人中已经不低了，想当年武则天也不过就是个昭仪。因为她才貌双全，王衍也曾经把她当成自己所有女人中的第一名，不过她的位置很快就被新来的女人替代了，她早就预知这个结果是必然的，连高皇后都被废掉打发回娘家了，自己好歹还是个昭仪，比那个打发回家的废后强多了。

散淡的寂寞的日子里，靠写诗消磨时光，她的这首《蜀宫应制》就是身处清冷的后宫生活的真实写照：

> 浓树禁花开后庭，饮筵中散酒微醒。
> 蒙蒙雨草瑶阶湿，钟晓愁吟独倚屏。

美丽的花儿被禁在后宫，一场喧嚣的酒宴之后，酒醒人更寂寞，微雨之后的草阶还湿漉漉的，独自倚着屏风发些闲愁，谁能知道这个女人内心的愁情呢？

一般应制诗都是很主旋律的，替领导歌功颂德的，不知道为什么李舜弦的这首应制诗可以儿女情长地抒发自己的愁绪，能容忍她作这样的应制诗，看起来王衍给文人的写作环境还是很宽松的。这首诗是真情实感的表达，在李舜弦留下来的所有诗中，窃以为这首是最好的。

如果李舜弦跟随的是一个称职的皇帝，她或许会有一个好的未来，王衍实在太不称职了，后唐庄宗李存勖觉得这是一个消灭前蜀的有利契机，925 年派出魏王李继岌、郭崇韬发兵攻蜀，没想到这个蜀国纯粹就是个豆腐渣工程，不论攻到哪里都没有人抵抗，势如破竹就攻进了成都，王衍和他手下的大臣除了呜呜大哭，没有一点别的办法，没辙了，投降吧。他们把自己双手反绑，嘴里含着玉璧，素衣白马赤着脚，用车拉着空棺材走出去，这是古代投降的一种形式，表示投降并自请极刑。

前蜀完了，王衍作为亡君被遣送到洛阳，他的许多亲友也在这个行列中，不知道李舜弦作为他后宫的昭仪，是不是也跟着一起出发了，如果一起去了，那就悲惨了，因为在去往洛阳的半路上，李存勖就派人把王衍和他随行的亲族一千多人全都杀掉了，那年王衍才二十八岁。

如果李舜弦在随行的亲族之列，那么她十有八九陪着王衍一起被杀了，也不过二十挂零的妙龄。

李舜弦的哥哥李珣是个秀才，前蜀的时候曾经以外国人的身份参加朝廷科举考试，大概有些偏科，考试成绩并不理想，但因为妹妹是昭仪，王衍给他找了个比较理想的工作。前蜀亡了，李珣就不再做官了，隐居在成都十余里外的府河岸边，偶尔售卖些香药来维持生计，大多数时间是喝酒、写诗作词，他在文学上的成就比妹妹大，被后世称为另类花间词人。

2 我是你永远的窅娘
——南唐后主李煜的嫔妃窅娘

南唐后主李煜一生中最爱的女人有三个，大小周后和窅娘。大周后排在第一，在那个女人身上，李煜几乎把一生最深的爱都给了她，剩下的两个人爱情计算公式应当是：小周后＋窅娘＝大周后。大周后红颜薄命早早凋零之后，虽然小周后从小姨子转正为老婆，但是，她没有姐姐的文艺天赋，不像姐姐那样能歌善舞，大周后怀抱琵琶翩翩起舞的窈窕婀娜美轮美奂的姿态，总是在李煜眼前浮现，小周后再美丽再多情，也无法取代姐姐在李煜心目中的位置。像李煜这样文艺的男人，骨子里还是比较欣赏有些文艺气质的女子，擅跳采莲舞的窅娘至此开始走进李煜的视野，并越来越受到他的关注。

窅娘原本不叫窅娘，她这个名字是后来李煜给她起的。她的真实姓名叫什么我们已经无从知道了。这个女孩子是宫里向民间海选宫女的时候，因为俊俏且会跳舞而被选进来的，她的出身很草根，就是一个江南水乡的采莲女。采莲女的形象在人们心目中很美，窅娘很容易让人想起唐代诗人白居易《采莲曲》里面那个"逢郎欲语低头笑，碧玉搔头落水中"的采莲女娇羞可爱的形象，这个美丽绽放在藕花深处一叶小舟上的少女，做梦都没想到骤然间她走进了后宫，成为皇帝的备用女人。

窅娘是混血儿，有白种人的血统，她老妈本来就是回鹘人后代，唐朝末年有个西域人来江南经商，把窅娘的老妈从老家带到了这里，后来西域人走了，把窅娘的老妈独自扔在了异乡，为了生存她嫁给当地一个乡绅做老婆，生下了窅娘。乡绅很短寿，没几年就死了，剩下窅娘和老妈相依为命。窅娘十二三岁就做了采莲女，到十五六岁已经出落成一个相貌独特的小美女，她既有江南美女的细嫩清秀，又有白种女孩的高鼻深目，长长的睫毛，卷曲的头发，在她的故乡，她是人们公认的漂亮女孩，还喜欢跳采莲舞。因为她独创的舞蹈很有特色，就被一家类似于教坊的民间演出公司看中了，她成为歌舞团的一颗新星，在当地也有不少铁杆粉丝。皇宫派人到这里挑选宫女，她第一个被推举出来。在贫苦的乡下，人们认为女孩子进了后宫是几辈子修来的福气，从此这家人家便和皇家沾上了边儿，他们不知道许多宫女一辈子都是板凳队员，别说让皇帝宠幸，说不定连皇上的面儿都见不着。

一般宫女都做过板凳队员，窅娘大概也做过，不过她很快就有了机遇，李煜从失去大周后的悲伤中稍稍缓过劲儿来，开始在他的后宫团队寻找文艺人才，在南唐后宫好舞姿选拔赛中，窅娘脱颖而出，她的采莲舞堪称一绝，可以和西汉后宫的赵飞燕媲美，飞燕姑奶奶身轻如燕，能在水晶盘上跳舞，窅娘的舞姿更优美，身段更轻盈，她天生长着一双小脚，腰肢柔软纤细，不用化妆，唇红齿白，肤色白皙，生就一双深凹的大眼睛，水汪汪顾盼生情，李煜第一眼看到她，就被她多情的眸光打动了，因为她那双与众不同的大眼睛，李煜给她取了个"窅娘"的网名。

从此，她就是李煜的窅娘了。

她是个聪明女孩，从这个文弱儒雅的男人眼睛里，她读出了一点喜欢的意味，从小看人脸色的贫困生活，使她学会了怎样迅速投其所好、讨得老板高兴。她通过认真的研究揣摩，发现要进一步跳好这个舞蹈，脚越纤瘦越好。那时候没有专用的舞鞋，窅娘为自己自制了一种舞鞋，她用白帛把脚裹起来，把一双小脚丫裹得纤秀可爱，跳起舞来更加莲花凌波般随风摇曳，风摆杨柳般楚楚动人，舞蹈的名字也由采莲舞改为了金莲舞，再加上迷人的眼风，摄人魂魄，一般男人是经不住这份儿美妙的诱惑的，李煜虽然是皇上，骨子里也不过是个一般男人，他迷恋上了她的舞蹈，经常单独召见她，欣赏她的金莲舞，欣赏她迷人的眼睛和可爱的三寸金莲，还专门让人给她铸了一个莲花形状的六尺金莲台，那个舞台是她自己专用的，只有她享有在上面跳舞的特权，别人根本不能碰。

从采莲女一下子成了皇上李煜手里炙手可热的红人，窅娘不敢像大周后小周后得宠之后那样忘乎所以，她深知自己没有丝毫背景，靠的就是跳舞，所以一点都不敢懈怠，每天苦练基本功。她属于自学成才的，不像教坊出身的舞女从小练基本功，像她这种没有扎实基本功的舞蹈家，要吸引看客的眼球，必须靠创新取胜，窅娘除了搞创新，还要揣摩透领导的心理，李煜是个文化皇帝，下里巴人的流俗舞蹈只能吸引他一时，要长久站住脚，必须玩点儿高雅的。后来窅娘改变了套路，开始跳《霓裳舞衣曲》，这是盛唐时期宫廷里的著名歌舞大曲，由唐玄宗亲自作曲，当年杨玉环就是靠跳这个舞受宠的，安史之乱后，这支曲子失传了，还是大周后修复了残谱，把它改成琵琶曲，大周后活着的时候，经常为李煜演奏这支曲子。窅娘把《霓裳舞衣曲》改变成舞蹈，她跳起来翩若惊鸿，婉若游龙，身段绝对比大唐肥硕的杨贵妃好看，这阳春白雪的曲子让李煜躁动的心沉静下来，他看着舞蹈中的窅娘，想起深爱的大周后，恍惚间，把窅娘当成了大周后。那一夜他把窅娘留下来，宠幸了她。

得到皇帝宠幸的窅娘从此与普通宫女不一样了，她是皇帝的女人了。皇帝是不在乎一夜情的，他和许多女人都有过一夜情，窅娘要的不是他的一夜情，是他的爱，她知道他的心里满装着大周后小周后，没关系，她知道自己争不过她们，她只要他的心里给她一点挤出一点小小的位置，为了争得那点边缘的爱，她付出了很多。

南唐的女子是不缠足的，鉴于李煜喜欢自己一双小巧的脚，窅娘索性不跳舞的时候也裹足，把自己的一双小脚裹得小巧玲珑如同一弯月牙，走起路来一扭一扭，也像舞蹈的姿态，讨得李煜的怜爱。后来就有人写了一首名叫《宫城》的诗，记载她的歌舞，也记载下她新月一般的小脚：

红罗叠间白罗层，檐角河光一曲澄。

碧落今宵难得巧，凌波妙舞月新升。

南唐唐镐也写一副对联"莲中花更好，云里月长新"表扬窅娘的采莲舞和可爱的小脚。

把一双脚包裹起来，滋味一定不好受，好在窅娘是成人之后裹脚，骨骼已经长成了，不像后世女子从小就缠足，一生都要忍受痛苦。但是，后来中国女人的缠足，窅娘有不可推卸的责任，据说窅娘是历史上第一个缠足的女子，因为她的小脚受到了南唐一号男人的喜欢，民间女子作为追星粉丝也纷纷效仿她，把一双天足包裹得小一些，讨得自家老公喜欢，缠足之风从此一发不可收，形成流行趋势，到了宋朝，女人的脚越缠越小了，女孩子一出生脚就被包裹上，三寸金莲的畸形审美把以后几个朝代的女人害得苦不堪言，窅娘也不知道自己的这个创新惹出了这么大动静，她不知道她的粉丝们把这种畸形美维系了近千年，一种并不舒服的流行能坚守千年不衰，可见中国女性多么隐忍，为了讨得男性社会的欢心，古代女人什么样的苦都能吃，裹小脚算什么？女人们一个个变成了娇弱伶仃的病态摸样，有的甚至变成了半残疾，走路摇摇晃晃，必须扶着墙才能前行。

说起来，窅娘缠足的负面影响够大的，这么大的责任让她来承担，她还真承担不起。其实她自己也委屈，我不过就是想用这种方式到皇上那里邀邀宠，谁让她们都效仿我来着，自己被后世的女人抄袭了上千年，作为原创，没找她们要侵害专利权的费用就不错了。

窅娘为了争取爱情，她付出的种种的努力起到了一定作用，李煜被这个女子打动了，匀出了一点点爱给她，对她来讲这已经足矣，她从来没爱过别的男人，给李煜的是她全部的爱，她小心翼翼地爱着他，这诚惶诚恐的爱在李煜那里显得非常边缘化，在李煜的心目中，她无非就是比一般的歌伎舞伎稍稍强那么一点点，宫外的歌伎舞伎为所有男人提供服务，她在皇宫里，为他一个男人提供服务。

声色犬马的日子终于过到头了，李煜的三千里江山一夜之间变成了别人的，当他变成宋人的阶下囚的时候，才知道吟诗作词风花雪月拯救不了国家。

赵光义让她的军队押着李煜离开金陵皇宫，当然，小周后和窅娘一个都不能少，都让他带上了，他想把这些女人留在金陵，人家赵光义都不答应，这个爱江山更爱美人的政治无赖，打进李煜的皇宫，就已经对他身边的那些美色垂涎欲滴了，北上的时候当然必须带上，不是为李煜带上，而是为他赵光义带上，到了大宋京城，作为女俘的小周后和窅娘就要悉听发落了。

窅娘白衣纱帽紧紧跟随在李煜身边，李煜知道，女人们此一去就不会有好结果，便悄声劝窅娘，你别去了，我去跟他们说说情，窅娘摇头无语，她知道，李煜的求情不会起任何作用，即使能起作用，她也不会离开他，她已经认定要对这个男人不离不弃，她这辈子就是他的，他到哪儿她都紧紧跟随，哪怕赴汤蹈火。

江山收归自己，赵光义没有放过李煜身边的美女，依照帅哥李煜的审美观选到身边的美女个个都是超级美色，凭着他赵光义的审美水平，断然选不来这样高质量的美色，现在都是现成的，拿过来就可以为己所用。他第一个盯上的是小周后，隔三差五把她召进自己的卧室接见一下，从小周后第一次从赵光义那里回来披头散发魂不守舍的样子，李煜就知道发生了什么，老赵不但抢了自家的河山，还明目张胆给自己戴绿帽子，他敢怒不敢言，只能忍气吞声唉声叹气，情绪越来越抑郁。窅娘知道皇上心里苦，就用自己的温情来抚慰他受伤的心，即使到了这种时候，李煜的爱还是属于小周后的，凭着窅娘给他的温暖稍稍缓过点劲儿来，他心里装的还是小周后，这样的待遇窅娘已经习惯了，她要的只是爱一个人的感觉，她爱李煜，不在乎他给自己的爱有多少。

赵光义对李煜身边的美女只是猎奇，和小周后有了那层关系之后，时间久了，渐渐也就不新奇了，他又把目光转向了窅娘，都说这个女子会缠着小脚跳莲花舞，也让她伺候伺候老子，先跳舞，再上床。

有人说，窅娘在金陵跳舞的时候有一个专门的舞台叫莲花舞，这个台子高六米，莲花瓣是纯金铸的，赵光义当即拍板：把那玩意儿从金陵拉过来。

金莲台从南唐后宫的澄心堂运到了宋都，按照赵光义的指示精神，窅娘这场舞必须要跳，她不能推辞，如果推辞，就是给李煜找麻烦，如果答应，跳舞之后，就要像小周后一样受到凌辱。

她思忖了一下，答应了，开始精心化妆，这次化妆她格外仔细，一双纤足缠成精致的月牙状，她第一次请求李煜帮她画眉，李煜拿起眉笔，看到一行清泪从窅娘美丽的眸子中流下，走前，她深深吻了一下李煜的脸，给他留下一个深情的微笑。

那天，赵光义把莲花台放在水中央，这样演出效果更好一些，窅娘婷婷袅袅走上莲花台，妙曼的舞蹈让赵光义看得眼花缭乱，暗想，早知道这个小妞会这个，早就让她跳给自己看了。一个轻盈的舞步，窅娘突然飞身跳入水中，大家都惊呆了，等醒过闷儿来，再跳到水里去救窅娘，她已经香消玉殒了。

因为窅娘倾尽生命的一跳，让这个女子在人们心目中的形象骤然高大起来，赵光义自然不理解这个烈女为何干这样的傻事，为了一个亡国之君，值得吗？连李煜也沉痛惋惜地觉得：窅娘太刚烈了，小周后尚能忍辱活着，你这是何苦呢？

窅娘不是小周后，她只爱李煜一个人，她的人，她的舞只属于这一个男人，她不需要别人懂她，她只为了自己的心。

3 下海经商的亿万富姐皇太后
——前蜀国主王建的徐妃

皇帝给自己的妃子起名号大概也和现在我们起网名差不多，有时候实在想不起新鲜的了，也会互相抄袭，在川蜀这个地盘上，五代十国的时候就有过两个花蕊夫人，前蜀那个是王建的徐妃，后蜀那个是孟昶的费妃。两个花蕊夫人，虽然最后的命运很相似，但是人生轨迹大不一样，性格也完全不同。

前蜀的王建是个很有特点的皇帝，这个人的与众不同是骨子里带来的，他的出身就不同于一般的帝王，他们家是卖饼的，他爷爷卖饼，传到他老爸这一辈还卖饼，王建对卖饼这行当不感兴趣，烟熏火燎的还赚不了什么大钱，少年时代他就开始做小混混，屠牛盗驴，贩卖私盐，家里孩子多，王建的老爸也管不过来，只好任由他发展。问题少年王建在家里兄弟中排行第八，所以大家给他起了个外号叫"贼王八"。贼王八赶上了一个好机遇，趁着唐朝末年兵荒马乱的，他当兵了，而且凭着天不怕地不怕的二愣子劲儿，还立了战功，一步步壮大起来，成为蜀王。唐朝灭亡之后，王建自立门户当上皇帝，国号蜀，历史上称作前蜀。

中国历史上有几个流氓出身的皇帝，汉朝的刘邦是一个，王建也算一个。当上皇帝的王建把他的流氓混混作风收敛了很多，他执政的三十年，前蜀的政治经济文化还是有了长足发展的。和所有的皇上一样，有了自己的江山之后，少不得搜罗一些美女存放在后宫，王建最得意的女人就是蜀中美女徐氏姐妹。

徐氏姐妹算是纯粹的成都本地土著，老爸徐耕大约是一个小官员，一辈子没什么大作为，对前蜀最大的贡献就是生了两个靓女，被王建选拔到后宫。

两姐妹中姐姐的姿色更好一些，这等国色天香，没什么文化的王建不知道该给她取个什么名号更妥当，左看右看这女人像一朵花般娇艳，就取了个花蕊夫人的名字。这名儿平时并没有人叫，人们还是习惯叫她的职务，比如刚进宫的时候她被封为贤妃，人们就叫她徐贤妃，后来生下儿子王衍，她被晋封为贵妃，人们便叫她徐贵妃，她也乐的人们这样叫她，能显现出自己尊贵的地位来。徐贵妃的妹妹肚子也很争气，生的也是个儿子，她被封为淑妃。

徐氏姐妹除了貌美如花，也很有手腕，姐妹两个互帮互助，一举把王建拿下。历史的经验告诉我们，征服男人，亲姐妹齐上阵，力量大无边。汉朝的时候，赵飞燕、赵合德已经充分证明了这一点。把王建乖乖地拽进她们的温柔乡之后，徐贵妃便开始着手后面的事了。

徐贵妃不仅仅情色上是高手，还工于心计。当时宫廷里最敏感的问题是立太子，王建有十一个儿子，大儿子王宗仁因病致残，二儿子王宗懿曾经被立为太子，死了，剩下的那些儿子都没有特别出众的地方，王建迟迟不好裁决，因为他也吃不准哪个是当皇帝的料。王衍是最小的儿子，按理说一时半会儿还轮不上他，但是他有个非常有活动能力的老妈，徐贵妃把宦官、朝官中但凡能主事的都买通好了，连宰相、将官之类的都拜倒在她的石榴裙下替她卖命地在王建面前忽悠。舆论的力量是无穷的，王建架不住大家都跟他吹风，就把王衍立为了太子，立完了又有些后悔，因为他那天碰见王衍撅着屁股在玩命地和一些小纨绔斗鸡、赌球，他怕这样的接班人继承王位后，把他辛辛苦苦创建的江山捣鼓散了。虽然徐贵妃是自己最喜欢的女人，也不能因小失大，做糊涂事。他把剩下的那几个儿子一一比较、分析，算计着让谁上场能赢下面的那场球，还没等他想好替补队员，就匆匆到阎王爷那里报到去了，最终还是徐贵妃胜出，她的儿子如愿以偿当上了皇帝。

母凭子贵，现在她是皇上的老妈了。其实王建活着的时候名下有个皇后，姓周。周皇后本来活得好好的，按照规矩，人家才是正儿八经的皇太后，她徐贵妃再是亲妈，也要给皇后让道。周皇后被册封为昭圣皇太后，上任没几天，就莫名其妙地死了，人们都觉得死得蹊跷，但谁也不敢吭声，眼瞅着徐贵妃春风得意成为徐太后，她妹妹徐淑妃变成了太妃。

少年皇帝王衍才十七岁，他玩心还很重，整天算计着到哪里去玩，跟谁玩，玩什么，根本不知道国家政治是怎么一回子事，就把国事军事都交给宦官们全权代理，自己想方设法玩出新花样，玩出新水平。

徐太后虽然把儿子驾到了皇上的宝座上，但是她对政治一窍不通，最感兴趣的两件事是赚钱和旅游。

儿子现在是国家一把手了，徐太后和妹妹徐太妃私下里盘算着怎么做买卖挣大钱。两个钻到钱眼儿里的娘们儿就没有认真仔细想过，连国家都是你们家的，赚那么多钱花得过来吗？少年皇帝王衍没有老妈和阿姨那么多对钱财的欲望，徐太后和徐太妃就教唆他，国库里钱少了哪里行啊，咱们得想法设法搞改革，大力发展宫廷经济，把三产搞起来。

王衍说，"搞什么三产？我不会做买卖赚钱啊，再说从古以来哪有皇上亲自下海搞三产的，你们这不是害我吗，我这个皇帝还当不当啦？"

徐太后说，"傻儿子，你当你的皇上，下海挣钱的事有老妈和你姨妈呢。放着现成的资源干嘛要浪费呢，只有广开财路，才能让皇宫率先富起来。"

她所说的现成的资源之一，就是官衔资源，她搞活经济的第一个重大举措就是卖官换钱。国家掌管着组织人事大权，多少人眼巴巴地想当官呢，从今儿个起，谁想当官不要紧，拿钱买，官的大小看你拿钱的多少，钱多批发给个大一点的官帽，钱少给个小一点的，连没有帽翅的小小芝麻官儿都估价而售。官帽这一明码标价，才知道川蜀真是天府之国，作为唐末著名大商业都会，这个地方的人富得不得了，有钱人真叫多，官帽子一抢而光，徐太后一边和徐太妃看着手下人数钱，一边后悔官帽子定价太低了，实在不行下一轮就搞拍卖。以后再腾出空缺，就不明码标价了，谁给的钱多是谁的，提溜钱袋子来的基本上就没戏了，只有车拉人抬搞来成箱成箱的银子，才有指望捐个像回事的官当当。

皇太后利用官场资源搞活经济，起到了模范带头作用，各级领导干部纷纷效仿，利用自己手头的职权搞创收。礼部尚书韩昭的工作职责是主持考试，为国家选拔人才，他利用手中的权利营私舞弊，积累了丰富的经验之后，就想替皇太后做经纪人，打报告要求把蓬、渠、巴、集数州刺史的官帽子交给他经营，大头是领导的，自己从里面抽点头。领导居然批准了，他用赚来的回扣就替自己建了一所高级别墅。

官帽子是有数的，卖完就没了，要想挣大钱，还得实实在在下海搞市场经济，亲自做官商，徐太后参透了这一点，就开始为下海经商做准备。先是派人搞了一番详细的市场调查，发现成都这个地方有几个大市场，一个是一二月份的花市和三月份的蚕丝市场，贸易量很大，客商云集；还有一个是五月份的药市，重点是搞香药贸易；冬季卖各种器用的七宝市交易量也很大。一年到头，成都人来客往贸易不断，客商来到这里都需要长期住宾馆，所以，高档的餐饮服务非常赚钱。经过考察论证，徐太后觉得，在这样的通都大邑开一家五星级酒店，肯定赚大钱。酒店建成全成都最好的，所有设施和服务都是一流的，反正国库里也不差钱，装修一个豪华酒店还不是小菜一碟？酒店的经营半官半民，自从太后大酒店开业之后，那些民办的酒店生意就不行了，他们明显争不过徐太后的酒店，许多小店经营不下去自动关张了。徐太后与民间夺利，买卖做得非常红火，老百姓敢怒不敢言，只得自认倒霉。

女企业家皇太后搞官商经营，很快就成了亿万富姐。

有了钱就要消费和享受，徐太后和徐太妃都属于比较会享受会玩乐的人，她们喜欢旅游，把成都附近的名山大川都走遍了。她们外出旅游都是豪华游，一掷千金，率领大队人马浩浩荡荡走出京城，搞得兴师动众，社会影响很不好。特别是那次游青城山，王衍让宫女们都穿着画云霞的道袍，簪着莲花冠，画着"醉妆"，那奇特的装扮让人以为这些人是走出皇宫出来跳大神呢，滑稽可笑。为了哄老妈高兴，也为了自己的后宫娱乐活动，王衍修建了宣华苑娱乐场馆，里面修建了龙跃池、宣华池，建造了数不清的楼台亭阁，栽植了无数奇树异花。不外出旅游的时候，徐太后就在这里娱乐，反正有的是钱，可劲儿造。

王衍整天不务正业泡妞、喝酒，把吃喝玩乐当做自己的事业，徐太后挣钱挣够了，也想享受一下真正的幸福生活，她还不算老，还有各种欲望，甚至，她还想寻找一下根本就没体味过的爱情。据说，她和礼部尚书、文思殿大学士、成都尹韩昭的关系很暧昧。韩昭就是主动提出帮她当经纪人卖官的那哥们儿，他是长安人，学问并不是多大，爱好广泛，琴、棋、书、算，哪样都会一点哪样都不精，被北宋孙光宪嘲讽为"韩八座事艺，如拆袜

线，无有寸长。""袜线之才"的典故就从这里来的。袜线之才韩
昭肚子里那点玩意，哄骗王衍娘俩足够了，最早他靠酒桌上即兴
写词哄王衍开心打开局面，后来越钻营越深，成为中央领导最信
任的人，不但王衍喜欢他，太后太妃也喜欢他，把他当做男宠。
韩昭可以像出入自己家门一样随便在徐太后的卧室出出进进，这
样的特权任何一个人都没有，难怪有人怀疑他和徐太后的关系不
太正常，说韩昭有吃软饭之嫌。因为没有实实在在的把柄，没人
敢说他们之间有情人关系，不过话又说回来了，在情感上焦渴寂
寞的徐太后现在是有钱有权的前蜀一姐了，在小白脸韩昭身上寻
找一下感情慰藉不是没有可能，人之常情，可以理解。

　　皇家母子一边花钱如流水地消费着钱财，一边加大经营力度
继续往回赚，挣多少钱都不够他们花天酒地胡乱造的。这样奢侈
淫逸的幸福生活没过几年，就让后唐皇帝李存勖盯上了，这样一
块肥肉，不能让王衍母子逍遥自在地独吞，后唐必须拿过来。他
派出军队攻打前蜀的时候，王衍还在去秦川搜寻美女的半路上醉
酒吟唱，匆匆赶回成都，后唐的军队已经打到家门口了，王衍和
老妈阿姨哭哭啼啼称臣迎降，当初王建的顾虑这么快就验证了，
辛辛苦苦打下的江山毁在了这倒霉娘们儿和昏庸儿子身上，让他
死不瞑目。

　　受降后的王衍母子带着家人随从，离开成都到洛阳安置，刚
刚走到半路上，李存勖就改主意了，他大概觉得让这些战俘活着
终究会是祸害，一纸诏书，仅仅几个字"王衍一行，并宜杀戮"，
决定了这些人的生死命运。

　　杀戮行动在秦川驿开始了，太后太妃没有想到她们这么快就
走向死亡，哭喊着大骂李存勖不讲信义，说我儿拿着一个国家迎

降你们，现在反倒下令杀戮我们，你们太不地道，太不讲信义了，杀完我们你们离倒霉也不远了！

没人在乎她的叫骂，一阵刀光剑影之后，一切归于平寂，上千人瞬间被屠，王衍母子和他们的前蜀一起在人间消逝了。

钱没花完，人死了，徐太后和儿子用自己不靠谱的经营方式换来这悲催的结局，那些生不带来死不带去的钱财变成别人的了，江山也变成别人的了。

4 被驱逐出皇宫的官妓妃子
——南唐先主李昪的妃子种时光

在古代，有一种国家财政供养的吃公家饭的工作人员没人愿意当，这个职业就是官妓。官妓与家妓或者野鸡不一样，官妓是国家公职人员，家妓是私营企业工作人员，野鸡则是打野食的个体户。

吃公家饭的妓女也是妓女，所以，工资再高，待遇再好，如果不是生活所迫，也没人愿意从事这个职业。

唐朝的时候，官妓非常盛行，除了普通官妓，皇宫里专门设有伺候皇上的后宫官妓，后宫里面的官妓一般不是色妓，基本上都是艺妓，集中在后宫乐部，用今天的话说就是后宫歌舞团，这些文艺工作者主要从事艺术表演工作，属于国家歌舞团的明星大腕。

南唐烈祖李昪建立南唐之后，后宫蓄养官妓的光荣传统当然不能丢，都城在金陵，江南有的是有歌舞才能的女子，他的后宫歌舞团的艺术水平是国家一流的。李昪骨子里是很文艺的，少年时代曾经以文艺自好，做了皇帝，主要精力放在了抓政治上，文艺潜能不得不隐藏起来，但是他一直非常重视文化建设。因为有这样一个懂文化的皇上，后宫歌舞团选拔歌舞人才时，不敢马虎，主管部门深入到有名的教坊和基层歌舞团队经过层层筛选，选拔出一批色艺双馨的歌女舞女充实到歌舞团，十六岁的种时光就是那一批被选拔上来的官妓。

种时光过去的履历我们不得而知，只知道她原籍江西，从十六岁就当官妓来看，小时候家境一定强不到哪儿去，但凡有一点家底的人家，是不会让自家女儿出来做妓女的，那个时候的歌舞团文艺工作者也是妓，卖艺的同时，也会卖身。后宫乐部官妓的服务对象是皇上，所以，她们只为皇上卖艺卖身，后宫的官妓向皇上献身被看做是一种义务。对于她们来讲，卖艺的机会很多，但是卖身的机会寥寥无几，皇上的后宫专门养着成千上万的美女，都是从全国各地挑出来的美女尖子，那些女人皇上还使唤不过来呢，如果没有特殊之处，皇上是不会对她们动感情的。

江西女孩种时光的歌舞艺术水平在歌舞团不是一流的，但姿色和气质是一流的，她天生丽质，不化妆的时候比化了妆还美。李昇经常看她们演出，种时光虽然不是台柱子，但每次表演都缺不了她，有时候是群舞，有时候是独舞，特别是群舞的时候，女孩子们同样的服装同样的扮相，种时光就有了鹤立鸡群的感觉，她娴雅秀美清纯，气质优雅脱俗，像一个小仙女，按照李昇的审美，他不喜欢俗艳的女子，就喜欢纯美娴雅的女孩。某一次歌舞团为皇家的一场小型宴会助兴，看完种时光的演出，李昇就让团长把种时光叫过来。种时光刚刚卸完妆，团长匆匆在后台找到她，说你这个小妞，机会来了，皇上叫你过去呢。

　　团里许多姐妹都被皇上这样叫去过，很多时候不过是敬杯酒，所以种时光也没感觉出这是什么好机会，很大方地走到李昪面前，双手奉上一杯酒，李昪抬头一看这个卸妆后的女孩子，面若桃花，唇红齿白，一双清澈俊美的眸子带着一丝惊慌，非常惹人爱怜。年近五十的李昪被这少女的青春美所震撼，那个夜晚，他把种时光留下来陪寝。

　　青春少女种时光对这个比自己父亲还老了很多的老男人说不上什么感情，因为他是皇上，她必须尽这个义务，一夜之间她成了皇上的女人，再回到歌舞团，大家看她的目光都不一样了，都争着巴结她，她这才知道做了皇上的女人就是不一样。真正让她感觉到不一样，是她后来发现自己有了身孕，顿时成为宫里的重点保护对象。她被调离歌舞团，住进后宫的高级宅院，有专人伺候着，过上锦衣玉食的幸福生活。自从生下儿子李景逖，她就成了李昪的掌上明珠，李昪前面已经有第二任老婆宋福金生的四个儿子了，最小的儿子也已经是十三四岁的少年了，自己都五十岁的人了又老来得子，他对这个小儿子格外疼爱，只要政务不忙，就过来看看她们母子，现在种时光觉得李昪亲切多了，甚至有些依赖他，爱上他了。

　　李景逖一天天在长大，他是个可爱的孩子，他娇憨可爱，把李昪哄得很开心，政务忙的时候，看到俊秀的小女人种时光和牙牙学语的小儿子，他就感觉轻松了许多。种时光越来越受李昪的宠爱，她被封为夫人，成为继皇后宋福金之后，李昪唯一宠爱的女人。

　　工作的压力和身体的病痛让五十岁的李昪迅速衰老，他看上去比实际年龄大很多。有人就给他献计，说皇上您服用丹药吧，那东西能延年益寿。

李昇试着服用了几次，他经不住长生不老的诱惑，越服用量越大。平时头脑一贯清醒的李昇不知为什么和历史上许多皇上一样，在服食丹药问题上偏偏糊涂了，远了不说，刚刚灭亡的唐朝有多少皇帝死在丹药上啊，吃那玩意无异于服毒自杀。或许做了皇帝，拥有了至高无上地位的人比一般人更怕死，他们希望自己永远活着，希望有一种长生不老药能起作用，他们有一种侥幸心理，万一自己吃到的是长生不老药呢，万一自己在药物的作用下长生不老呢。当然，也和所有吃丹药的皇帝一样，他中毒了，而且症状越来越明显，最明显的变化是性格变得很暴躁，看什么都不顺眼，时不时的大动肝火。

因为很长一段时间李昇的爱情已经呼叫转移到了种时光身上，所以，他吃丹药初期，皇后宋福金并不在他身边，身边只有他当下最宠爱的女人种时光。这个男人突然变了性格，让种时光也始料不及，过去好好的，他有时候像父亲，有时候像兄长，现在这是怎么啦，不但对自己发脾气，对他最喜欢的小儿子李景逿也经常横挑鼻子竖挑眼的。

从开始的不习惯到后来的习以为常，她把李昇的这种状态当成了常态，当李昇暴跳如雷，发无名火的时候，她该干什么干什么，从容不迫做自己该做的事情。比如吃着吃着饭，李昇会突然上来那股子劲儿大动肝火，哇啦哇啦大叫大嚷，按照史书上的记载他发脾气的时候"声如乳虎，殿门环为震动，左右皆丧魂魄"，种时光埋头吃自己的饭，左手拿着馒头，右手拿着汤匙，不紧不慢吃馒头，有滋有味喝汤，看碗不看脸。李昇那股子火儿过不去，夺下她的饭碗摔到地上，伺候在左右的人们都吓得面如土灰，她却面无表情就当什么事都没有发生过，让宫人换一套新的餐具，接着吃她的饭。种时光这分淡定让李昪彻底服了气，后来他再发脾气的时候，一看到她，就灭了火，把已经顶到脑门子的怒气收回去。

李昪不发火的时候还是个很好的男人，其实那段时光是种时光一生中最幸福的日子，李昪在她之前爱过两个女人，原配老婆王氏早早就死去了，王氏从娘家带过来的通房大丫头宋福金接替她做了夫人，宋福金从二老婆转正后，和李昪的感情相濡以沫，他当上皇上，她毫无悬念地做了皇后。自从半路杀出个种时光，宋福金日渐被冷落。宋福金是一个好女人，她年轻的时候也曾经美丽过，现在容颜已经不光鲜了，对老公的移情别恋，这个女人似乎没什么怨言，默默地退到幕后，把前台让给了种时光。现在她虽然名义上屈居宋皇后之下，事实上是一人之后万人之上的国母了，有时候她有些飘飘然，更让她飘飘然的是，她生了个聪明儿子，这孩子虽然刚刚三四岁，却显现出特殊的聪明伶俐，比宋福金生出来的那几个书呆子强得多。

那几个儿子也是最让李昪闹心的事，自己的身体每况愈下，应当考虑立太子的事了。他本来最喜欢二儿子李景迁，但是几年前这个孩子病逝了，剩下的几个没有特别让他满意的。按照规矩，应当让长子李景通继承皇位，但是从这个文人气息浓重的文艺青年身上，看不出丝毫的雄才伟略，把未来交代给他，李昪还真是不放心。

那时候李景通也就是后来的南唐政权第二个皇帝李璟已经不小了，他岁数比小后妈种时光都大好几岁，他好读书，爱写诗作词，多才多艺，文学艺术修养确实很高，如果当个文化部长、文联主席之类的职务绝对称职，但是当皇上不需要这样的艺术气质，要有政治韬略。李景通大概也没有想着接老爸的班当什么皇上，每天身边围绕这一帮文友艺友陪他玩乐，他觉得这样的生活挺好的。

李昇开始暗自考察李景通，某一日，没提前打招呼，李昇就来到了李景通的齐王宫，还没进门，就听到里面传出美妙的音乐声，走进去，他的宝贝儿子李景通正和一帮乐师在那里开家庭演奏会呢，李景通坐在正中亲自操琴，弹得像模像样的，这不纯粹一个纨绔吗！李昇吃丹药吃得本来脾气就大，一看这场面跺了一下脚扭头就走，李景通发现老爸来了，乐声戛然而止，他赶紧去追赶，李昇早已气哼哼地拂袖而去。

李景通傻在那里，知道自己闯祸了，老爸最讨厌他玩艺术了。

李昇心里的火一时半会儿消不下去，他想起来就大怒一场，谁都劝不住。种时光悄悄向李昇身边的太监打听，皇上这几天怎么火气这么大，谁招惹他了？太监告诉她，是齐王李景通玩乐器让老板看见了，这几天正生他的气呢。

原来是这么回子事，这让种时光心中暗喜，她觉得机会来了，趁着李昇对大儿子有成见，赶紧吹枕边风让他把自己的小儿子李景遂立为太子不就得了。既然想到了就马上去做，夜长梦多。当天夜晚，种时光比平时对李昇更加温柔，说起四岁的儿子李景遂，她大夸这个孩子如何如何聪明，她说的最后一句话是：别看李景遂刚四岁，各方面比他大哥李景通都强。

李昇就讨厌女人参政议政，一听种时光这话，就有了逆反情绪，问她："你这话什么意思？"

种时光温柔中透着坚定："我不过是提个建议，就是建议让李景遂当太子，都是您的儿子，当然要选一个最聪明的当接班人。"

她以为凭着李昇对自己的宠爱，这话会在他那里起一点作用，即使不起作用，也不至于因为这一句话把她怎么着了吧。她错了，这句话彻底惹恼了李昇，他当场就把她顶了回去："我儿子有过错，我这个老爸来教育他，这是常理，轮不着你说三道四。你一个女人家也想参与国家大事？"

说完了李昇就气哼哼地走了，种时光虽然心里很委屈，但想到李昇平时就是这脾气，以为事情过去就过去了，第二天一切还会像平时一样。

第二天出现的事情是种时光做梦都想不到的，突然来了一群人，拿着李昇的诏书，说皇上下旨了，让种时光除去簪珥，要把她关进冷宫。

种时光懵了，问，为什么啊？

来人告诉她，皇上说她有政治野心，这样的女人不能留在后宫。

种时光这才知道伴君如伴虎这句话的涵义，她想被幽禁之前去看看自己的儿子，被制止住，来人连拖带拉把她带到一个偏僻荒凉的小院子，她暗想，莫非此生自己就在永远被囚禁在这里了？

在那个寂寞的地方，种时光像坐监狱一样住了几个月，李昇从来没有来过，除了送饭的宫女，从来没有别人进来过，她这才知道男人的爱，特别是成功男人的爱不过如此。几个月后，她离开皇宫，一种说法是她被命令出家为尼，还有一种说法，她被嫁了出去，研读史料，觉得她出家的可能性比较大，出嫁的可能性小一些。即使是皇上废弃不用的女人，毕竟也是皇上的女人，不可能随随便便把她嫁给别的男人。

李昇很快就因为丹毒中毒太深死去了，李景通继承皇位，这个改名叫李璟的皇上很仁慈，他不计前嫌，把同父异母的弟弟李景逷封为保宁王，把种时光封为王太妃，让她住进李景逷的宫中，这个结局再次出乎种时光的意外。没有胸怀的皇上不是好皇上，看来当初人家李昇护着他大儿子没有错，倒是种时光在后来的日子里对李璟有着一丝歉疚，但这声对不起终于没能说出口。

5　姐夫李煜和小姨子那点事儿
——南唐后主李煜的小周后

李煜在历史上居高不下的知名度仗着他诗词写得好，更仗着他和大周后、小周后那点事儿。

他和大周后的所谓爱情先放到一边，古今中外比他们之间爱情更铁的有的是，光这些不足以让他出名，在他的爱情传奇中，其实最吸引人眼球的是他和小姨子的婚外情。尽管后来小姨子转正变成了小周后，但是人们还是喜欢茶余饭后把他们婚外恋时候的那些事情当做桃色新闻的谈资。当事人李煜和小周后不管怎样标榜他们之间的是纯爱情，因为大周后卧病时小周后的第三者插足，小周后永远也难以洗清她的小三儿嫌疑。

大周后刚刚收获爱情成为李煜的女人时，小周后才刚刚五岁，还是给块儿糖就高兴半天的小屁孩儿，她还不懂得和姐姐抢男人，看着姐姐和那个大哥哥磨磨唧唧的，还叼着奶嘴的学前班小朋友小周后怎么也想不明白，这个眼睛里有两个瞳孔的重瞳哥哥有什么好。家里的人们告诉她，那个哥哥是皇上的儿子，姐姐嫁到王府当王妃去了，那个重瞳哥哥是她的姐夫，叫李煜。

六年后，姐夫李煜当上了皇上，姐姐成为皇后，懵懵懂懂开始知道一些事理的小周后明白了那个重瞳哥哥的与众不同，他就是皇上吗？他文文弱弱温文尔雅的样子，更像戏码里的一介书生。她偶尔会到皇宫看望姐姐，在她心目中，姐姐是世界上最美的女人，她觉得，皇后就应当是姐姐这个样子，长发逶迤，五官精致隽秀，清丽脱俗，连一颦一笑都文静优雅，浑身上下没有丝毫人间烟火味。

姐姐的婆婆，那个被称作光穆皇后的钟阿姨很喜欢小周后，每次李煜的这个小姨子来了，她都要留下她多住几天，这个小女孩长得和姐姐有些相像，但是她比大周后更活泼，嘴巴也要甜一些，人们都喜欢嘴巴甜甜的美丽女孩。

小周后一晃十五岁了，十五岁的女孩子在古代就到了及笄之年，该出嫁了。她的美比姐姐更娇更媚，女孩子一旦妩媚，就有了几分妖气，男人大凡都喜欢有些妖气的女子，李煜也不例外。那时节，大周后的身体已经出状况了，病病歪歪的天天在床上躺着，虽然李煜很爱老婆，抽出空来偶尔还亲自伺候汤药，但多少有些作秀的成分。从他看小姨子小周后的目光就可以看出来，他的爱情经常走神儿。姐夫的目光小周后能读懂，豆蔻年华的小女子到了思春的季节，某一日，她娇羞而大胆地承接住姐夫的多情眸光，这一承接，惹出了一段婚外情。

小周后是个有些虚荣的女孩子，虚荣的女孩在爱情上，总希望她的爱人比别人强，李煜是一国之主，做他的女人让她有强烈的成就感，这成就感让她深深陷进去不能自拔，她并不认为这样做对不起姐姐，姐姐病成了这个样子，即使不是自己，李煜也会向后宫别的女人移情别恋。

身为姐夫的李煜一边爱着大周后，一边偷偷爱上了小姨子。其实他犯不着出轨，他的后宫有的是美女，他和那些后宫佳丽有什么样的情事都属于正当男女关系，但是跟小姨子相好，就属于不正当男女关系，是犯忌讳的。

李煜大概就喜欢这种偷偷摸摸的感觉，为了陪伴生病的姐姐，小周后长期住在后宫，给了他们发展婚外情更加有利的机会。

偷情就悄默声地偷，别太张扬就是了。偏偏李煜按捺不住心中的激动，把偷情的细节写成著名诗词《菩萨蛮》：

> 花明月暗飞轻雾，
> 今宵好向郎边去，
> 刬袜步香阶，
> 手提金缕鞋。
> 画堂南畔见，
> 一向偎人颤。
> 奴为出来难，
> 教郎恣意怜。

这首词本来就是一封情书，李煜却把它当成了公开的情书，很快就在皇宫内外流传开来，他和小姨子的风流韵事也一同成为公开的秘密。大周后被两个最爱的人深深伤害，做梦都没想到一贯标榜如何如何深爱自己的李煜会背着自己偷情，而偷情的对象居然是自己最疼爱的从小带大的亲妹妹。丈夫爱情上的背叛和妹妹亲情上的背叛让她心如死灰，这种双重的背叛和欺骗使她感觉伤心绝望，因而加重了病情，加快了死亡脚步。

爱情是自私的，小周后的爱情更自私，她尽管对姐姐也有一丝愧疚，但是这愧疚很快就被李煜强烈的爱情所稀释。她也曾问过李煜，和姐姐相比，他更爱她们姐妹哪一个？李煜说两个都爱。小周后知道其实他爱姐姐更多一点。姐姐死后，李煜有过负疚和悔恨，有一段时间甚至疏远了她，他为大周后写了许多催人泪下的诗词，为了祭奠纪念前妻，把他和小周后的爱情又放置了四年，这四年间他们只是情侣，不是爱人，他这样做并不完全是给外人看，主要是心里有愧，大周后死了之后他才发现她的好，才发现其实谁也替代不了她，小周后也替代不了。

整整过了四年，李煜在一片倒彩声中才正式迎娶小周后并将其立为皇后，大臣们在婚宴上的贺词像一颗颗怪味豆，以往皇上大婚，他们的贺词都一本正经的，鉴于皇上和小周后多年来保持着不正当关系，他们就正经不起来了，用调侃腔调写出的作品更有味道，无形中为这次喜宴增添了欢乐气氛。

江山还在，但是已经开始走下坡路，一介书生李煜觉得自己已经无能为力了。他本来就对执政没有什么兴趣，现在更兴趣索然了。他把心思放在了享受玩乐上，新娶的小妻子是他极好的玩伴。她比姐姐大周后更会玩，更懂得享受。大周后一生注重艺术品位，讲究完美；小周后则注重生活品味，讲究个性。她喜欢穿绿色衣裙，喜欢浓妆艳抹，喜欢梳高髻，她引领着南唐的时尚潮流，小周后穿什么颜色什么款式的服饰，宫女们立即在潮流风向标指引下效仿她，全国的女同胞们扑捉着宫里传出的时尚信息，把后宫的时尚看做最潮的潮流。

　　小周后在今天看来是很小资的潮女，那时候没有香水，她用鹅梨蒸沉香发明了一种"帐中香"，在卧室熏香，把小环境搞得非常温馨；她把茶乳做成片，制做出各种香茗，她亲手为李煜烹煮，氤氲茶香穿越时空，让人似乎能嗅到那时的茶香；李煜陪着她玩创意，他非常不务正业地研创了"北苑妆"，就是把茶油花子制成花饼，让后宫的宫女们除去艳丽的浓妆，一个个缟衣素装，缕金于面，略施浅朱，把大大小小形状各异的花饼施在前额，当花钿用。这种妆后来并没有流行开，大概化出来的样子并不怎么好看，不过，皇上亲自给女人们设计妆容，历朝历代的女人哪里享受过这样高级的待遇啊，南唐后宫女子们受宠若惊立即把这种流行轰轰烈烈地铺张开了，至少在李煜当皇上的时候，她们不敢不流行。

　　别以为把宫女们打扮得最时尚了，皇上就有了更多的选择机会。小周后自己以小三上位走上皇后的岗位，经验丰富，知道怎么治理和正室抢夺男人的小三们。她曾经亲自治理后宫，制定了严格的嫔妃职务晋升制度，一般的宫女想要个名分门儿都没有，自从她当了皇后，就再也没有任命过任何后妃之类的。谁敢不服气可以走人啊，是往宫外遣送，还是往黄泉路上遣送就看你的造化了。

　　李煜是小周后一生唯一爱过的男人，女人的爱都是自私的，所以她在爱情上的排他性大家都能理解，她并不是坏女人，只是比较自我比较自私一点而已。她只知道自己的爱情不能揉沙子，忘记了当初姐姐的爱情被谁狠狠揉上了一把沙子。

　　这样的好日子终究不会长久的，漫说李煜是一国之主，就是一个单位的领导，一天到晚不干正事，天天玩壶，最后也会玩成一场悲剧。

宋朝人忽地一下子打过来了，李煜龟缩在他的宫殿上，再也浪漫不起来了。赵匡胤的队伍把李煜和小周后揪出来，他们在元宵节还没有来得及撤去的红灯笼映照下，悲凉地集合在一起，等着宋朝人发落。

从金陵到汴梁，从帝王王后到阶下囚，不仅仅是换了地方，简直是换了人间。一切像是一场噩梦，最大的噩梦是赵匡胤死后，新上任的宋朝皇帝赵光义看上了小周后，他把一顶崭新的绿帽子毫无商量地戴在李煜头上。

赵光义喜欢泡妞是他一贯的爱好，他做事向来不喜欢藏着掖着，喜欢上小周后他也是明目张胆的，那个正月十五，他派人接小周后到他的皇宫去过元宵节，所有的人一看就明白下一步会发生什么事，只有李煜还在被幽禁的住处犯傻，以为小周后真的去看花灯去了。也亏得这个文人皇帝有些缺心眼儿，否则，在后来接连几天的苦苦等待中，他早就耻辱地郁闷死了。

小周后进了赵光义的皇宫，一去就是几天，这几天时间，她度日如年，忍受着一个女人最难言说的羞辱。她去的当天赵光义就把她强奸了，当然，强奸是她的说法，人家赵光义可不这么认为，他心里想的是：你一个罪妇，皇上和你上床是看得起你，那不叫强奸，叫宠幸，咱老赵的后宫有的是美女，恨不得咱对她们那啥呢，咱眼睛根本不夹她们，你小周后还披头散发哭哭啼啼的，这梨花带雨的小模样更讨人喜欢。江南美女就是和咱中原的女子不一样，自己后宫养的那些铿锵玫瑰们哪会这样柔美地哭鼻子啊。

　　几天后回到李煜身边，小周后把积了一肚子的怨气和委屈都对李煜发泄出来，她又哭又闹，埋怨李煜的无能，不光把国家玩丢了，连老婆的贞操都保不住，这样的废物男人除了会写词，还会干什么。李煜呆呆坐在清冷的板凳上，听着小周后哭骂，有泪只能往肚里咽。一个亡国之君，连命都快保不住了，用什么保护自己女人的贞操。在这纷乱的年月，女人的贞操还值几个钱？李煜也想把赵光义给他戴在头上的绿帽子狠狠摔到地上，却无力摘下来。他只能写写词抒发内心的郁闷，无奈，他甚至不敢愤怒，不敢恼怒，这里是人家老赵家的地盘，即使这寂寞梧桐深院都是人家的。他只能含着眼泪把自己的心情写成这首《相见欢》：

　　　　林花谢了春红，太匆匆。

　　　　无奈朝来寒雨晚来风。

　　　　胭脂泪，留人醉，几时重。

　　　　自是人生长恨水长东。

　　赵光义自从和小周后有了那层关系，就有些一发不可收了。他知道那个娇弱的小女子厌恶自己，不但厌恶自己没修养的恶俗气，还厌恶自己黑粗肥硕臃肿的身体，他承认在外形和气质、修养上自己永远不是李煜的对手，不过李煜长得再好，再气质高雅，你的江山，你的美人还不都归了我老赵了吗？这小女子不是不服气吗？我非让你服气不可，如果赶上今天，赵光义一定会把他们床上的裸照拍下来，威胁小周后，你再闹我就把照片发网上了，让全国人民都知道你已经上了我的床。那时候没有照相机之类的，赵光义有他的办法，他和小周发生关系时，让宫廷画院的画师现场临摹写生，画成了一幅《熙陵幸小周后》的画，画面上的赵光义带着幞头，脸黑黑的，身体肥肥的，小周后则纤瘦苗条，带着花冠，两只脚都穿着袜子，赤裸着身体，被五个宫女抓胳膊的抓胳膊，抬屁股的抬屁股，她在反抗，用手试图推开赵光义的脸颊，这种人多势众的强奸，一个孱弱的小女人的反抗根本不起作用。

这张写实画见证了赵光义的无耻，见过无耻的，没见过像他这样卑鄙无耻的。正是因为他的无耻，本来并不怎么招人待见的小周后骤然间在人们的心目中多了几分楚楚可怜。

亡国之恨、夺妻之恨折磨着李煜，他把自己的感情都写进词里，这些词不知通过什么渠道偏偏都流传出来，传到赵光义的耳朵里，他意识到这个亡国之君不能再留着了，留着他终究是祸害。七夕李煜生日那天，赵光义赐他一壶搀入"牵机药"的毒酒，把他彻底打发掉了。

李煜是小周后全部的精神寄托，他死了，她的精神寄托没了，爱死了，心死了，精神支柱崩塌了。赵光义的喜欢和欣赏让她更加厌恶和抗拒，她厌恶自己的生命的存在给李煜带来了更多的折磨，便不断寻求各种可行的方式了结生命。在李煜死后不久，她就追随他而去，那年小周后不过才二十八岁。

6 这辈子就做你的红颜知己
——南唐后主李煜的黄保仪

坊间流行这样两句话：别让你的男人有红颜知己，因为红着红着你就黄了。别让你的女人有蓝颜知己，因为蓝着蓝着你就绿了。

南唐的小周后也深知红颜知己的危害，她自己就是由姐夫的红颜知己变成皇后，红着红着她姐姐大周后就黄了，她害怕别的女人也把自己整黄。不过，黄保仪在小周后眼里是个例外，她本来已经堂而皇之是皇上的女人了，小周后上任了，她被逼无奈退居到红颜知己的位置上。

黄保仪做李煜的红颜知己已经是退而求其次的角色了，红着红着她没把别人整黄，差点没把自己的饭碗弄黄，她本来就姓黄嘛，自然是永远的"黄"保仪。

和李煜后宫的那些女人们相比，黄保仪属于先到的。她从小在宫里长大，不是和李煜家有什么亲戚，是她变成无家可归的孤儿之后，走投无路进了皇宫。

黄保仪的老爸叫黄守忠，本来是江夏人，五代十国的时候，到处都是战乱，黄守忠举家迁移到湘湖，以为那个地方比老家好一些，真正走出家门才知道，天下乌鸦一般黑，哪里都是一样的兵荒马乱。黄守忠在楚国军营谋了个差事，官运亨通，后来做到楚国君主马希萼的马氏家族手下的副将。做到这个职位，也就到头了，不仅仅是官职到头了，生命也到头了。南唐著名将领边镐率领军队平定割据湖南的马氏政权，黄守忠为了保卫南楚江山，战死了，但是没人封他为烈士，因为南楚灭了，连马希萼都变成了南唐的臣民，黄守忠作为一个誓死保卫南楚，与南唐抗战到底的顽固派，属于死有余辜的。

边镐一鼓作气打到南楚的都城长沙，把南楚官员们的家属都俘虏了。在战俘中他发现一个长得非常美丽的小女孩，虽然只有几岁，却已经看出这是个小美人坯子，知情人告诉他她是黄守忠的女儿。因为这个小女孩确实美得不一般，边镐把她带回金陵，作为战利品献给了南唐元宗李璟。

战俘的妻女一般是没有好归宿的，有送到教坊当妓女的，有发配边关当军妓的，姿色出众的分配给功臣们做奴婢或者做小老婆。只有像黄保仪这种极品小美女，才有机会成为送给皇上的礼品。

但是，这小女孩实在太小了，先在后宫养着吧，养大了看看是什么成色再说。她就被养在后宫，那性质就相当于民间的童养媳。对于后宫的这个学龄前女童，人家南唐宫廷还算人性化，让她接受了最优秀的教育，琴棋书画都有人教，所以她的文化水平以及各种修养比后来从民间选入皇宫的妃子们都强得多。

从小没有父母，独自寄人篱下的孤苦伶仃身世，让黄保仪学会看人眼色行事，她比一般小女孩更精明更伶俐，懂得察言观色，知道怎样保护好自己。从南楚高官家的大家闺秀到称职的南唐宫女，黄保仪脱胎换骨，彻底变了一个人，她不再是任性娇气的官二代贵族小妞，而是见风使舵八面玲珑善解人意的后宫女服务生。

她稍稍长大一些，就一直在元宗李璟的书房伺候笔墨，掌管宫中典籍。李煜很欣赏这个俊美有才的小女孩，把她要到自己王邸做侍妾。大周后在世的时候，很喜欢黄保仪，也许因为这个小女孩和她的小妹妹年岁差不多，大周后总把她当成自己的小妹妹。她是个知恩图报的女孩子，谁对自己好一点，她都默默记在心里。大周后对她的好，她一点一滴都记着呢，一旦有了机会，便会尽心回报。后来，大周后病了，知道她因为亲妹妹和李煜偷情心情郁闷，黄保仪只要有机会就过去陪她，哄她开心。大周后暗想，这小美女比亲妹妹懂事多了，自己疼爱的亲妹妹在背后狠狠捅了自己一刀，横刀夺爱，把李煜的爱情抢走了，还不如一个无亲无故的外人。

大周后郁闷而死，死去之后，李煜六神无主，虽然有个情人小姨子，但那个小女子总像个长不大的孩子，根本不能给他心理上的慰藉。阴柔的男人需要温暖，更需要力量。当鳏夫的四年时间内，他除了那个地下情人小周后，也不断在他的后宫寻找安慰，已经长成优雅婉丽大姑娘的黄保仪就是在那个空档阶段成为了李煜的女人，并被封为保仪，保仪和昭仪之类的一样也是一种嫔妃封号，黄保仪不仅仅是李煜宠幸过的女人，还是李煜在宫中最欣赏的知音。她爱读书，文采出众，对历史典籍悟性强，后宫那些花瓶们只是美在表面，但她的美有内涵，只有她能坐下来和李煜进行深层次文化对话，一生钟情文化的李煜对这个文化女性另眼相看。一直在宫中待嫁的小周后掌握着宫里每一个女人的情况，对黄保仪当然也了如指掌，虽然对那些女人们有些嫉妒和仇恨，她也只能忍气吞声地等待着，等待着有朝一日有了机会一个个收拾她们，这些敢和自己抢男人的狐狸精们，总有她们笑不起来的那一天。

这一天终于等来了。小周后熬了四年，终于被正式娶进门，她成为国母的日子，就是李煜后宫佳丽悲惨生活的开始。谁勾引李煜多一些，谁是李煜的红人，她都有一笔小账，点点滴滴都记着呢，她开展的清理后宫运动让那些女人们人人自危。所谓后宫佳丽三千是个大概其的虚数，李煜的后宫未必有那么多人，但也是一个庞大的美女团队，经过小周后的一番认真清理，这支队伍纯洁多了，凡是年轻漂亮的该遣送回家遣送回家，该打包投放冷宫的投放冷宫，至于那些已经取得嫔妃上岗证的，一律吊销牌照和资格，全部归零，说是重新考录，事实上，自从她当了皇后，就没有再出现过嫔妃，她几乎就是李煜唯一的女人。

黄保仪没被吊销封号，实在是个例外。一是她们从小就熟络，算是一起长大的女伴，大周后在世的时候，黄保仪一直就敬着皇后的这个小妹妹。小周后成为皇后之后，她为了讨好新皇后，完全不把自己当做皇上的女人，降低身份像个全职侍女一样左右逢迎巴结新主子，哪个新上任的领导都需要卑躬屈膝的奴才，黄保仪的低调和隐忍使她保全了自己，虽然从此以后她由李煜的女人降格为红颜知己，可是能保全一个红颜知己的身份小周后已经很给她面子了。

李煜不敢得罪他的新皇后，虽然本心里很欣赏黄保仪，现在也只能当做红颜知己来欣赏了。他给了她一项新工作，专职做图书管理员。从上一代老皇上那时候开始，皇宫就大量收藏古书和名人字画，宫里藏书楼存的上万卷书画，都归黄保仪管理。从某种意义上说，皇宫的藏书楼在李煜心目中，比整个江山都值钱，江山可以丢，但是藏书楼里的字画一张都不能丢。屁股后面挂着一串文物宝库的钥匙，黄保仪和那些落魄的宫女们相比，就算是有实权的当权派了。

当红颜知己必须把握好和李煜的距离，小周后当然是希望他们越远越好，她自己内心深处却渴望离他近一些，近也近不得，远也远不得，近了惹不起小周后，远了对不起自己，她把持着一个度，如履薄冰战战兢兢地过着其实并不快乐的日子。

宋朝人打过来了，眼看就要打到金陵了，江山马上就是人家大宋王朝的了，关键时候，文化皇帝李煜不是考虑江山社稷的大事，而是患得患失地唯恐他皇宫保存的那些古书和名人字画归了入侵者。那边宋朝军队已经兵临城下了，这边李煜还有心思安排他的皇宫收藏的后事。他匆匆忙忙让人把黄保仪叫到跟前，交待说藏书楼里的那些宝贝都是我最珍爱的，如果城没有守住，你就按照我的命令把藏书楼点一把火，宁肯把东西一把火烧了，也不能留给宋朝人。

　　黄保仪答应了，李煜的话不管对错与否，在她那里都是最高指示，她都会绝对照办。

　　城毫无悬念地被攻破了，就在宋军冲进城门的刹那，皇宫的藏书楼已经浓烟滚滚，黄保仪不愧是李煜久经考验的铁杆红颜知己，她非常忠于一生最爱的这个男人，平日里她貌似一个优雅的文化女性，在皇家藏书楼里熏得一身书香，说穿了，那一点书香气就是给李煜看的，正因为别的宫女身上缺了这点东西，她才显得与众不同，她才配得上做红颜知己。现在皇城要丢了，有没有这座藏书楼做道具已经不重要了，既然李煜要她放一把火，她想都没想就把那把火点燃了，根本就没想过这把火给中华历史文化造成的损失会有多么惨重。她烧的那些古籍字画，都是历朝历代名人大家的书画艺术珍品，那么多无价的文化珍宝被她烧了个精光，一件都没留。这件事让李煜成为了中国文化的罪人，黄保仪自然也脱不了干系，她是亲手毁灭文化宝藏的罪人，在这个问题上，如果李煜是主犯，她也是主犯，决不能算是从犯。李煜口口声声标榜自己是文化人，从他毫不心疼毁灭中国历史文化这件事上来看，他根本不配做文化人，也不配说文化。文化宝藏不是你李煜一个人的，是中华民族的，他们这次焚烧事件，凉了中国文化的心。

　　李煜被俘后，离开金陵北上，小周后当然要跟着一起出发。

都混到这个份儿上了，在后宫哪个女人有资格跟着李煜北迁的问题上，她们还在那儿争风吃醋论资排辈呢。黄保仪这样的红颜知己焚烧藏书楼有功，自然可以争得一个名额，另外一个就是会裹着小脚跳采莲舞的窅娘，小周后当然不喜欢那个忸怩作态狐媚的舞娘，但窅娘已经对李煜表过决心哭着喊着要跟着一起去，拗不过李煜也坚决要带上她，小周后知道这不是自己使小性儿的时候，别别扭扭很纠结地和那些女人一起被列入北迁名单。

李煜带着满腹的失落和惆怅，带着他的几个各怀心事的女人，踏上了前往汴梁的路。虽然大家已经落魄成俘虏了，小周后还端着皇后的架子摆谱呢，迎合趋奉她已经成了黄保仪的习惯性动作，她也知道此时的小周后已经不再是金陵皇宫那个呼风唤雨的女人了，她没必要惧怕她什么，她应当挺起胸脯昂起头，活出一点骨气和傲气，那才更像个文化女性。

小周后名义上还是李煜的女人，实际上早就是赵光义的女人了，李煜表面上装得不在意，内心深处是非常在乎的，不仅仅是在乎自己懦弱无能到连自己的女人都保护不了，更在乎的是头上那顶屈辱的绿帽子。小周后对自己成为李煜和赵光义共用的女人这个角色非常不适应，妻不是妻，妾不是妾，妓女不是妓女，这尴尬的角色让她越来越神经质，心理越来越变态。李煜忍受着多种折磨，他心里有痛，只能对他的红颜知己黄保仪倾诉，偶尔也对窅娘说说他的苦楚，窅娘怕自己成为小周后第二，跳采莲舞的时候从舞台上跳下去自杀了。

黄保仪意识到自己这辈子恐怕也别想有什么骨气傲气了，她一边要安慰李煜受伤的心，一边还要照顾好有严重心理问题的小周后，她没有窅娘自杀的勇气，她必须活着，为了李煜，为了小周后，更为了自己。李煜需要小周后，小周后需要她，她需要李煜，她不甘心一辈子就做李煜的红颜知己，命运却注定了她别无选择，只能以红颜知己的名义守候在他身边。

那个七夕之夜，赵光义送去的一壶毒酒结束了李煜的生命，也结束了她的一切幻想。几个月后，小周后郁郁死去，黄保仪后来的日子是怎么度过的，没人记载，只是说她最终也死在了汴梁。作为铁杆红颜知己，她会追随李煜而去吗？对于李煜，她一生都在自作多情。男人生命中有三个女人，妻子，情人和红颜知己，红颜知己是三个角色中付出最多回报最少的尴尬角色，聪明的女人是不做男人红颜知己的，黄保仪无奈做了这个最不聪明的女人，心甘情愿地守候在那个男人的生命里，执迷不悟地为他奉献到最后。

7 私生女到国母的距离
——闽国国主王延钧的皇后陈金凤

闽国王延钧的皇后陈金凤的人生有许多看点：她是老妈红杏出墙生出的私生子。她是前国主王审知的侍姬，审时度势关键时候寻找新的机遇，及时在王审知的病床前把他儿子王延钧发展为情人，王延钧继承王位后，她从老皇帝的女人摇身变成小皇帝的女人，这一点大概学习和借鉴了唐朝武则天的先进经验。

陈金凤名誉上的老爸是福建观察使陈岩，不是陈金凤不想选择陈岩做老爸，是陈老妈无奈替她选择了一个婚外情恋人做亲爸。陈岩是铁杆同性恋，大概他娶这个漂亮老婆就是娶给别人看的，遮人耳目让人觉得他性取向很正常，把这个女人娶到家就成为一件蒙尘的摆设，他自己则把手下一个小公务员发展为同志。这个小公务员叫侯伦，长得白白净净的很俊朗，面容清秀姣好像个女孩子，把他发展为男宠之后，侯伦就把陈岩的家当成了自己的家，出出进进很方便。

老公带回来一个同性恋男人，可想而知最初的时候陈老妈是什么心情。这个名叫侯伦的男不男女不女的变态是她的情敌，她对这个男小三儿恨之入骨，觉得是他横刀夺爱，把陈岩的爱情抢走了，让她永远寂寞地独守空房。后来她从男小三的眼神中读出一丝暧昧，也就是说侯伦并不是坚定的同性恋，他喜欢这个天天用仇视目光盯着他的美丽女子。这丝暧昧让陈老妈的心为之一动，这个从来接触不上外面其他男人的女人突然觉得，这个美男倒是可以利用，陈岩既然可以用他给自己戴绿帽子，我如果把这个小帅哥拿下，那顶绿帽子原封不动又还给他了，谁也不吃亏。

有了想法，行动起来就顺风顺水了，关键是侯伦也有这种想法，两个人一拍即合，反正侯伦闲着没事了天天到他们家，有的是机会。陈岩做梦都没有想到，自己的后院里珍藏的这一男一女搞到了一堆儿，防不胜防啊，等他闻到风吹草动，老婆的肚子已经被侯伦搞大了。面对已经怀孕几个月的老婆，陈岩显得很大度，他自我宽慰，自己的男宠睡了自己的女人，反正都是自家人，肥水也没流到外人田，权当是侯伦帮了自己一个忙，罢了，不追究了。

陈岩的老婆后来生下一个女儿，就是陈金凤。在人们的指指点点中长成了一个肤如凝脂，细细嫩嫩的女孩儿。她算不上天下一等一的美人儿，但是她有气质，她白皙细嫩的肌肤是少有的，一白遮九丑，凭着那与众不同的肌肤，她被选进后宫，成了王审知最贴身侍姬。

王审知年岁比她大很多，虽然不心甘情愿伺候一个老头子，但是，所有走进后宫的女子，最终的出路不就是为了让这种比父亲还老的老头子宠幸自己，求得一个名分吗。陈金凤属于那种会见风使舵，能把内心真实想法藏得很深的有心计女子，她对王审知言听计从，不管心里多厌恶和抗拒，表面上撒娇献媚，哄得皇上老爷子把她当成唯一，即使生病了，也要让她守在床前。

守着一个即将走入坟墓的老人，陈金凤有时候会感觉到恐惧，室内的光线有些昏暗，恍然间有守在坟墓中的感觉。偶尔，王审知的儿子王延钧会过来探望一下父王，他敏锐地感觉到守在父亲身边的这个小女子希望他多停留一会儿，就善解人意地留下来，两个人四目相对，王延钧发现这个女人虽然长得不漂亮，却有些味道，她的身上有种让人说不出的妩媚和风韵，那双似喜非喜的丹凤眼水水的，会勾人会说话，玉琢般的肌肤粉粉嫩嫩。三十来岁的王延钧这些年在女人堆里头摸爬滚打的，什么样的女人没见过，这等尤物还是第一次遇见。

两个人之间有了心有灵犀一点通的感觉，刚开始的时候王延钧还顾及到他和陈金凤的辈分问题，她毕竟是自己老爸的女人，和小后妈产生感情属于乱伦，会被人戳脊梁骨的。

当他们的感情到了一定份儿上，伦理道德就变成了一块破抹布，被他们丢进垃圾箱。王审知那边还在苟延残喘，王延钧和陈金凤已经在这边突破了底线，开始他们的爱情海誓山盟了。王延钧的爱情誓言是，老爸一死，他就把陈金凤娶回自己房里做女人。

王审知很知趣儿地死了，至死他也不知道他头顶上有一顶儿子送他的绿帽子。他死的很及时，早就盼着他让位的大儿子王延翰继了位，王延翰不是个好皇上，他一上任就惹得全国上下怨声载道，王延钧杀兄夺位，把老爸的江山和女人都归为己有，可着劲儿折腾。

还是那个宝座，还是那座长春宫，还是曾经被王审知宠爱的那个女人，唯一改变的是皇上由老子变成了儿子。王延钧为了抹去一些老爸留下的痕迹，把长春宫改名叫龙跃宫，没举办什么仪式，二十四岁陈金凤不顾全国上下惊诧的目光，大胆地走进王延钧的后宫，而且直接住进王延钧的寝室，成为那里的女主人。

不得不承认陈金凤有手腕，在她之前，王延钧不可能没有正房老婆，不可能没有比较宠爱的女人，但却纷纷败在她手下，让她夺权当上了皇后。

王延钧能给她的也就是个皇后的位置，至于爱情，哄哄热恋一阵子，激情过去了，王延钧的爱情也过去了，他可不是唐朝的窝囊皇上唐高宗，一辈子让武则天治得服服帖帖的，连个女人都不敢沾。他是个极有征服欲的男人，征服了陈金凤之后，对这个女人失去了兴趣，他又着手征服别的美色。过去手下哪有像样的美女啊，现在当皇上了要在全国各地广泛征招美女，美女征来后他要一一过目，捡着最顺眼的组成一个学习班，他亲自培训她们。培训课程一般就是先观摩学习，然后通过实习考试过关后，再把她们放到应有的位置上。

观摩学习课由王延钧和陈金凤做培训教员，入夜，喝得微醺，皇帝皇后全裸，在龙床上现场表演交媾姿态，学员们隔着水晶屏风观摩学习，经过一段时间的现场观摩，学员们要进行实习，并由王延钧亲自考试。考试项目就是让那些美女们赤身裸体陪皇上睡觉，这种集体淫乱的考试科目令人瞠目结舌。像王延钧这样的人渣漫说做一国之君，做个一般人都不合格。

陈金凤已经习惯了这种荒淫生活，她麻木了，她知道不管王延钧多么没有人味儿，她都必须积极配合他。配合好了，皇后的座椅就牢靠一些，配合不好，后面的嫔妃梯队立即就补充上来，那个名叫李春燕的贵妃早就盯上皇后的位置了，她比自己年轻，也比自己漂亮，真格折腾起来，还真不是她的对手。

王延钧不但有这一群女色供他淫乐，还是双性恋，和陈金凤的亲爸差不多，宫里还养着个英俊的男宠，名叫归守明。这乱七八糟的关系陈金凤从小在家里已经见怪不怪了，小时候，亲爸侯伦、名誉老爸陈岩和老妈的三角关系让她习惯了这种混乱的家庭生活。虽然生长在同性恋家庭，她对老爸们还是有成见的，是他们把妈妈害苦了。眼下这一幕与自己的娘家何其相似。好在王延钧是双性恋，不管是自己的男伴还是女伴都顾及着。在男宠和女宠之间疲于奔命，王延钧心有余力不足，身体渐渐吃不消了，他得了疯瘫症，瘫在床上再也起不来了。

陈金凤当年和王延钧一见钟情的时候，他的前夫、王延钧的老爸王审知就瘫在床上，给他们创造了偷情的机会。现在王延钧也躺在床上不能动了，她还年轻，还有欲望，不甘心就这样守着一个废人。

应当承认陈金凤是个善于学习前辈先进经验的人，向前辈武则天学习，她成功跳槽为王延钧的皇后，下一个她准备学习的榜样就是从小耳濡目染的妈妈。老妈当年既然可以大胆地和丈夫的男宠偷情，自己为什么不能学习她的经验和做法，把归守明发展成自己的情人呢。

她先是试探了一下，看归帅哥是不是铁杆男同，如果是刀枪不入的铁杆人物，她怎么诱惑都不管事。刚刚施了一次美人计，就把小归拿下了，原来那个看上去很变态的男人也是个色鬼，对女色也很贪婪。这个归帅哥一旦在陈金凤这边尝到了甜头，就一发不可收了，他不是对女人讲感情的男人，他本来就没把自己当成男人，和陈金凤偷完情，他又把皇帝宠爱的贵妃李春燕以及后宫他喜欢的美女都过了一遍筛子，归守明成了后宫女人们争夺的香饽饽，归帅哥过去总羡慕皇上的幸福生活，现在在色情方面已经相当于皇上待遇了，才知道当皇上实在不容易了，如果没有好的体格，会活活累死。

自从后宫女人们都把归守明当成追求目标，陈金凤觉得自己和她们争抢一个男人太丢份儿了，就把小归甩给了她们，狼多肉少，让她们互相残杀去吧，她另辟蹊径，又开辟了一个新目标。百工院使李可殷开始踩着鼓点儿登场了，他成为陈金凤的新情人。

王延钧在床上瘫着，他不知道，他辛辛苦苦训练出的女人们都没闲着，一个个招蜂引蝶都在他的视线外忙活着呢。贵妃李春燕因为陈金凤的打压，在归守明那里也很不得宠，不是归守明不想宠她，是不敢，陈金凤给他一个眼色，他就要琢磨半天。虽然现在陈金凤故作姿态地闪了出去，又搭上李可殷那条破船，归守明还是躲着李春燕。

如果说当初争夺王延钧的宠爱时，陈金凤和李春燕就有矛盾，那么在争夺归守明的脂粉大战中，更加深了陈金凤和李春燕矛盾的恶化。李春燕赌着一口气想明白了，与其和那些下等宫女们争抢一个男宠，不如利用自己的姿色和手腕，钓一条大鱼。她把目光放到王延钧的长子王继鹏身上，这一招是陈金凤曾经使唤过的，没想到自己使着也很顺手。拿下王继鹏后，他们就成了一个利益共同体，他们的利益不仅仅是偷情这种小儿科的事情，而是在考虑怎样夺权。

陈金凤公然和归守明、李可殷私通，整个朝廷都知道了，这个把柄在王继鹏和李春燕攥着，他们用这件事做条件威胁陈金凤，让这个不可一世的皇后乖乖听从他们调遣。

王延钧每天躺在床上心神不安，他顾不上关心他的女人们归谁了，他不放心的是皇上的座椅是不是安稳。疑神疑鬼地消灭了一些异己分子，他不知道，真正的危险分子是自己的亲儿子和最宠信的李春燕。儿子王继鹏急着尽快当皇上，李春燕仇恨陈金凤一直以来对她的打压，他们精心策划的夺权大戏马上就要上演了。

他们第一步先是杀了李可殷，杀鸡给猴看，这个倒霉的猴就是陈金凤，陈金凤是聪明人，一看大事不好，就想立即返回到连话都说不清的疯瘫症患者王延钧身边寻求保护，其实这时候的王延钧已经自身难保了，王继鹏组织的叛军杀进宫内，先是杀了没有任何招架之力的王延钧，要杀戮的下一个目标就是陈金凤了。

李可殷死后，陈金凤感情没了寄托，不得不又回到归守明身边。叛军来到陈金凤的住处的时候，她和归守明双双对对躺在九龙帐中，还在憧憬他们的美好未来呢，突然闯进来的乱军让她们顿时慌乱成一团，连衣服都没来得及穿，就被消灭在床上。她粉雕玉琢的肌肤半裸着，死的时候还定格在一个优美的造型上。

到死她没搞太明白是谁要置她死地，她还以为因为奸情败露，王延钧派人把奸夫淫妇捉奸在床并杀掉以解心头之恨。

她这样玩火，终究会有一个说法，有人陪在身边一起赴死，好在最终并不寂寞。

8 恋上老公前妻的儿子
——闽国国主王继鹏的皇后李春燕

闽国皇帝的女人们似乎流行跳槽，而且是在皇老爸和皇儿子之间跳来跳去，很有些大唐皇宫的遗风。

继上任皇上王审知的侍姬陈金凤跳槽为他儿子王延钧的皇后之后，曾经和陈金凤在一个战壕争风吃醋的李春燕，也从王延钧的贵妃跳槽为他儿子王继鹏的皇后，让人惊叹于闽国女人的开放和大胆，不但老少通吃，还能吃出新花样新水平。

一边哄骗着老眼昏花的老皇上，一边暗地挑逗勾引皇上的儿子，陈金凤、李春燕这样的女人都是特殊材料做成的，不但不穿帮，还能成功在新的岗位上就职，让自己成长为新一任国主的皇后，没点手腕好生了得。

李春燕进入王延钧的后宫前，那里已经盘踞着一个非常受宠的陈金凤。李春燕进宫就是作为她的克星引进的，这个豆蔻年华的少女是内侍李仿的亲妹妹。当年陈金凤和王延钧暗度陈仓搞地下恋情的时候，李仿没少替他们打掩护，是铁杆堡垒户。如今陈金凤大富大贵了，人一阔就变脸，根本不把李仿这个地位不高的皇上生活秘书放在眼里，还恩将仇报让她的情夫百宫院使李可殷在皇上面前告了李仿一个刁状。李仿当然不服气，他下了本钱把刚刚十五六岁的小妹妹李春燕豁了出去，精心培训了一段时间之后，把美丽的小姑娘带到王延钧跟前。

正在全国广泛搜罗美女的闽国国主王延钧一看这个美得找不出纰疵的小女孩，当即拍板，留下！她的婉媚是陈金凤身上不具备的，她顾盼多情的大眼睛比陈金凤细长的小丹凤眼更摄人魂魄。李仿急领导所急，想领导所想，因为进献美女有功，立即被加封为大将军。

现在身边有了这样一个小美女，本来就朝秦暮楚的王延钧已经无心顾及昨日黄花陈金凤，一边要把主要精力放在李春燕，一边还要把新采进后宫的缤纷鲜花一一给予照顾和问候，除此之外，还不能冷落了男宠归守明。王延钧真的很辛苦。

陈金凤受宠的时候，王延钧给她盖了座高档宫殿名为宝皇宫，富丽堂皇的，对于自己的新宠李春燕，待遇不能低于陈金凤，皇后已经封出去了，就先封她个贵妃吧，再给她新建一座档次比宝皇宫还高的宫殿，于是就在长乐山建了座东华宫，按照史料的记载，这座宫殿"以珊瑚为棁桷，琉璃为椽瓦，檀楠为梁栋，珍珠为帘幕，范金为柱础。穷工极丽，宫中匠作者万人"。这个超级豪华的别墅实际上就是个五星级度假村，李春燕经常到这里疗养度假，所以王延钧把这里做他的一个行宫，常来常往。

女人必须宠，但不能过分宠，李春燕在外面的时候是个好女孩，自从进了宫，走进后宫花花世界，把身上原有的那点天真和纯洁全都消磨光了。她习惯了奢华的生活，习惯了宫闱中的争风吃醋勾心斗角。因为她的到来陈金凤被冷落了，那个容颜日益憔悴的女人绝不甘心自己的失败，她随时都在寻找机会扳回败局。

男宠女宠一个都不能少，都要照顾好，王延钧的身体很累。身心俱疲，王延钧终于彻底病倒了，他瘫痪在床，按照史书上的说法，他得了疯瘫症，病情很严重，宫里燕语莺声那么多美女，一个都消受不了了。当然对李春燕也是心有余力不足。

陈金凤此时终于可以翻身农奴把歌唱了，她比那些青涩小女生般的后宫佳丽明显地老道多了。王延钧的男宠归守明本来就和她眉目传情，这下两个感情寂寞的人为了解除共同的寂寥走到一起来了，他们避着共同的服务对象王延钧偷情，王延钧躺在床上不会动弹，当然发现不了。他们色胆包天，在全国人民中只避讳他一个人，把其他人当做空气。陈金凤红杏出墙的事让后宫的女人们很羡慕，人家皇后不愧经验丰富，给王审知当侍姬的时候就会这一手，现在宝刀不老拿出来还很适用。她们也偷偷给归守明暗送秋波，归守明谁的秋波信号都接收，就是拒绝接收李春燕的。这是陈金凤设的一个局，过去你不是让我在男人面前受冷落吗，现在我也让你尝尝受冷落的滋味。你以为你长得好看男人们就买你的账吗？连一个男宠都不正眼看你，看你脸面往哪儿搁。

受到男不男女不女的男宠的冷落，李春燕心里着实痛苦了一阵子，她有些不自信了，照着铜镜一脸郁闷，我长得不比别人差啊，怎么连个阳性不足阴柔有余的男宠都勾引不住呢。

陈金凤在偷情方面有家传秘方，顺风顺水的，一边把归守明治得服服帖帖，一边和百宫院使李可殷保持着情人关系。

偷情本来是一项极其私密的活动，原则上就该偷偷摸摸的，陈金凤把这些活动搞得动静很大。在任何方面不想输给她的李春燕在这个项目上明显就要输给皇后大姐大。她放弃了归守明之类的目标，把目光放得远大了一些，举目还没远望，就碰上了皇子王继鹏色迷迷的目光。机遇原来就在眼前，过去光顾了和那帮女人们为了一个男宠死缠烂打了，脱开身才知道过去自己有多蠢。

王继鹏是王延钧的大儿子，老妈是南汉清远公主刘德秀，也是李春燕的前任，早就去世了。李春燕作为皇上的女人，和皇上前妻的儿子玩婚外情，是不是差了辈儿了。她曾经犹豫一下，想到陈金凤当初就是用这种手法成为了王延钧的皇后，前边有车后边有辙，又不是首创，权当是学习上一代的"先进"经验了。

陈金凤和李春燕的人生轨迹如此相似，最终的结局也出奇相似，两个女人都演绎过一场轰轰烈烈的母子恋，虽然在世人的说说道道中修成了成果，却都没有得到善始善终。

王继鹏从李春燕一进宫就喜欢上了她，最初产生这个念头的时候，他还有一丝负罪感，毕竟是老爸的女人，自己怎么能有那种想法呢？他悄悄关注着她，老爸卧病在床后，以陈金凤为首的女人们都把目光转向男宠，开始打野食。李春燕很受排挤，这让王继鹏暗喜，他巴不得她向四周瞭一眼，看到自己如饥似渴的目光。

李春燕看到了，她的心中掠过一丝惊喜。

王继鹏身边不缺女人，只是缺少国色天香。看来闽国的皇上们够自私的，他们把天下美色打捞的太干净了，一类的美女都进了后宫，连皇上的儿子在寻找美女方面都只能是温饱水平，现在把老爸最宠爱的女人李春燕搞到手了，终于算是实现了小康，但这小康是偷来的，毕竟不太踏实。王继鹏是个人格有些分裂的人，他有时候很多情很文艺，全唐诗里有他的一首《批叶翘谏书纸尾》，看得出有些文学天赋；他有时候很残酷很暴力，后来为了夺权连自己的亲爸都杀了；他有时候很不懂政治，上任后大肆兴建楼堂馆所，卖官鬻爵，横征暴敛。

春风初度之后，从来没有恋爱过的李春燕感觉自己爱上王继鹏了，他们山盟海誓，和所有堕入情网的男男女女一样不能自拔。王延钧虽然瘫在床上苟延残喘，却看不出有打道回府入黄泉的迹象，他们的地下感情生活什么时候是个头啊。李春燕没有陈金凤的隐忍，她觉得自己快崩溃了，恨不得马上跳槽到王继鹏这边，名正言顺做他的女人。

让老爸把自己最宠爱的女人出让给儿子，这事有些棘手，让谁去协调这么棘手的事呢？王继鹏想到了陈金凤。李春燕一听就摇头："怎么可能啊，那女人是我的死对头，她怎么可能去替我说情？"

王继鹏蛮有把握地给她分析："第一，她和归守明、李可殷等几个男人私通，我们掌握着她的证据，有把柄。第二，把皇上最宠爱的李春燕剜除，她陈金凤铲除了天敌，以后她依然是皇上最宠爱的皇后。这个忙她不会不帮。"

陈金凤考虑了一下利害关系，就去找王延钧了。刚一听到王继鹏要求自己把李春燕赐给他的时候，王延钧暴跳恼火："不可能，我的女人，他小兔崽子也敢惦记。"后来经过陈金凤的劝说，想想自己几年前同样的荒唐事，有什么样的老爸就有什么样的儿子，罢了，不就是一个女人嘛，反正自己也用不了了，就送个顺水人情吧。

李春燕从东华宫名正言顺搬进王继鹏的福王府，大将军李仿成了王继鹏的大舅哥，他们现在是一个利益共同体。李仿最仇恨的人是李可殷，因为他曾经在皇上那里说过自己的坏话；李春燕最仇恨的人是陈金凤，因为她曾经排挤过自己；王继鹏则有些仇恨老爸王延钧，他该死还不死，耽误自己继承皇位。

现在，眼巴巴看着陈金凤和归守明、李可殷组成的利益集团在王延钧床前邀宠，他们的势力迅速膨胀，这个小集团也威胁着王继鹏集团的安全。李仿决定先以李可殷淫乱宫闱的名义把他处理掉，这样他们的铁三角就不成立了。

顺利地除掉李可殷之后，他们才发现事情并没有他们设想的那么简单。王延钧虽然身体不能行动了，脑子还比较清楚，陈金凤无端损失了一个情夫，她不甘心，到皇帝哪里哭诉说李仿平白无故杀死李可殷，大概是想谋反。自己跟李可殷根本没有任何感情纠葛，他这种说法完全是借口。王延钧便开始对李仿不依不饶，李可殷是不是该杀也要有我说了算，你这样做什么意思。

李仿扛不住了，和王继鹏商量赶紧反了吧，晚了就没命了。他召集了自己可以调动的皇城禁卫军打入皇宫，先砍了王延钧，然后找到正在偷情中的陈金凤和归守明，把他们一起解决掉了。

一切归于平静，王继鹏来到老爸床前，老爸浑身是伤，已经死了。他挥挥手，让手下的人该怎么操持丧事怎么操持，事已至此，自己下一步要做的是立即登基。

这些年闽国皇族不断发生争夺皇位的杀戮事件，为了防止意外发生，他杀了几个皇叔和一大批皇族人士。自己靠杀兄篡夺皇位，王继鹏无时不刻不防着像自己一样想夺取政权的人，他的心很累。他最不放心的就是叔叔王延曦，把他软禁了起来。王延曦为了保命，天天装疯卖傻，他派人去侦查探听情况，王延曦故意表演给他们看，睡在马棚里。用手抓着马粪吃得津津有味，还傻笑着告诉别人，这马粪是甜的，不信你们也尝尝看。即使这样，他对这个叔叔也还是不放心，暂且留他一条命已经是很人道了。

闽国国主有一个通病，只要靠谋杀篡权当了皇帝就改名，王延钧杀了哥哥王延翰当皇帝后改名叫王鏻，王继鹏杀了老爸王延钧当上皇帝后改名叫王昶，王延曦杀了侄子王继鹏当上皇帝后改名王曦，他们或许觉得只有把名字修改了，才显得和被杀的人没有什么血缘关系，这样从心理上就有了一层自欺欺人的安慰。

登基后，王继鹏加封李春燕为皇后，这件事曾经引起过一次很轰动的上访事件。在李春燕之前，王继鹏娶过一个姓李的女人，是他的亲表妹，李表妹的老爸叫李敏，任同平章事，和内宣徽使叶翘关系不错。叶翘觉得皇上放着表妹不立，偏偏立这个狐媚的李春燕，很不符合规章制度，就不断地写状子上谏，说什么不能喜新厌旧，不能违反道德之类老掉牙的糊涂话，他忘了王继鹏一个连老爸都敢宰的人，对他讲什么伦理、礼法，不等于讽刺他吗。

叶翘不会看皇上的脸色，写了好几封上访信了，人家皇帝没理你的茬儿，该封李春燕照封不误，也该长点悟性了。他再接再厉，还接着写状子上谏。对这种一根筋儿的人，王继鹏只好在他的最后一份谏书上批了一首诗，这就是著名的《批叶翘谏书纸尾》：

> 春色曾看紫陌头，乱红飞尽不禁愁。
> 人情自厌芳华歇，一叶随风落御沟。

诗句的意思是我就是喜新厌旧，喜欢年轻美丽的李春燕，不喜欢人老珠黄的李表妹。叶翘吃饱了撑得多管闲事，马上革了你的职，不但罢职为民，还放归永泰。李表妹从此被打入冷宫，再也没了出头之日。

这首以诗批疏的奇特公文是历史上少有的，也只有不按套路出牌的王继鹏能做出这样的创举。

想当年王延钧宠爱李春燕的时候，给她建了美轮美奂的东华宫，王继鹏比老爸更重视这个女人，给她修建了紫微宫，无论是规模还是档次都超过了东华宫。

好不容易当上了皇上，王继鹏没有吸取过去几代老皇帝的惨痛教训，他只会自己享受生活，不体恤民众，沉重的兵役劳役让百姓生活在水深火热中。王继鹏却和他的皇后李春燕把一切放置脑后，过着他们奢侈的幸福生活。这样的好日子过了三四年，就到了尽头。他们重蹈上一代人的覆辙，连同儿子一起被杀死。

王继鹏搞政治不合格，做儿子不合格，李春燕作为女人这种跳槽方式有违人伦，这两个人身上都有太多污点和纰疵。好在他们之间的爱情算是真诚的，基于这一点，善良的人们给他们编了一个美丽的传说：他们的墓上长了一棵奇怪的树，树上开着一种奇怪的花，形状如鸳鸯交颈，这棵树被称为鸳鸯树。

9 吃醋惹来的杀身之祸
——闽国国主王延曦的李皇后

五代十国的闽景宗王延曦一生最宠爱的有两个女人，皇后李氏和宠妃尚氏。

王延曦也搞不清自己爱哪个女人更多一点，李皇后觉得他更爱姓尚的那个狐狸精，尚贤妃则觉得他所有的心思都在黄脸婆李皇后身上，两个女人经常明目张胆吃醋，把王延曦搞得很烦。

王延曦这个人这辈子经常遇上闹心的事，在当上皇帝被女人烦之前，他的烦心事是被侄子王继鹏猜忌，王继鹏那时候是皇帝，王延曦是皇帝的叔叔，有人说他是排行老八，也有人说他排行二十八，不管是第八还是第二十八，反正排位到他这个名次，做皇帝的几率已经很小了。王延曦作为皇叔，日子并不好过，为了保命，他只得装疯卖傻过着幽禁的囚徒似的生活，那时候大概他身边还没有姓尚的女人，只有后来的李皇后陪着他战战兢兢地度日如年。

四年后的一个夏天，大臣朱文进、连重遇发动政变，王继鹏被一刀砍死，需要拥立一个新皇上，大家就想到了最不招王继鹏待见的王延曦，一群拿着兵器的士兵奉命到王延曦家去请他，家里只有他老婆李氏在，却无论如何找不到他了，后来说明来意才知道，王延曦以为皇上派人来捉拿他呢，吓得藏到厕所里去了，现在还在茅坑边筛糠呢。

从茅房里把他请出来，臭烘烘的就上任当上皇帝了。这个闹心的事算是解决了。

阴差阳错当上皇帝后，"六军踊跃于门前，群臣欢呼于日下"搞完大型庆典活动，王延曦并没有珍惜这来之不易的大好局面，躺在皇帝宝座上，他开始肆意挥霍，骄傲奢侈，荒淫无度。把原配老婆李氏册封为皇后之后，立马又把金吾事尚保殷的女儿尚氏立为贤妃，这个姓尚的小女子很有姿色，她的出现，让李皇后独享的爱情一分为二，李皇后也是官二代，她老爸李真过去曾经是太子的老师，现在官居司空，自然不能输给新来的这个小妖精，两个女人天天明争暗斗，让王延曦不好招架。

女人们在内宫吃醋吃得津津有味，王延曦懒得理她们的时候就喝酒，他的喝酒不是一般意义上的品酒，而是拼酒。他是中国历史上少有的醉鬼皇帝，酗酒之风，嗜酒如命，他的酒风一般人难以招架。

王延曦举办酒宴的酒杯是特制的，号称"醉如泥"，杯子大概比现在的口杯都大，倒上酒之后讲究一口闷，一般的人闷上一口就差不多交待了，但是谁都不敢耍滑或者少喝，如果让他发现小命就保不住了。王延曦酒后滥杀无辜的事不是没发生过，所以每一场酒宴上，坐在那里陪酒的人都担心，恐怕这是自己最后的晚餐。在这朝中央政府当官员，可以没有才干，可以没有能力，但是不可以没有酒量，酒量的大小决定着你官职的高低。只要敢和王延曦坐到一个酒桌上喝酒的，都是有酒量有胆量的酒鬼。

朝可以不上，工作可以不干，但绝不能耽误喝酒，或许有些工作在酒桌上就谈完了。宰相李光准的酒量没有王延曦大，被他灌醉是经常的事，那个夜晚李光准真的醉了，忘记了自己面对的是谁，指着王延曦的鼻子说起了真话，王延曦也醉了，但还没醉到忘记了自己是皇上的地步，大喝一声让手下人把李光准拉出去斩了。准备当斩的李光准烂醉如泥，根本没法行刑，只好先把他放在大牢中，准备等他醒了酒再斩。第二天一大早上朝的时候，王延曦一看李光准没到，就问李光准哪里去了？有人告诉他，昨晚上你不是下令把他斩了吗？王延曦一点都不记得昨晚上的事了，说没有哇，我什么时候让斩了？有知道内情的大臣说：还在大牢里醉着呢，还没斩呢。王延曦立即下诏，赦李光准无罪，官复原职，赶紧让人去大牢里把他叫回来上朝议事。

这样有惊无险的事翰林学士周维岳也遇上过，在大牢里住了一宿，第二天再放出来。周维岳喝酒有量，有连续作战能力，是酒精考验的好干部，经常是酒桌上喝倒一大片，他自己还巍然屹立。某一次通宵达旦的宴会上，所有的人都喝趴下了，只有周维岳一人还坐着，王延曦醉眼朦胧地问他："你身材矮小怎么会有这么大酒量？"周维岳其实有半醉不醉的了，就顺嘴胡蒙："我酒肠弯曲，不需有高大身材。"王延曦让身边的下人立即把周维岳的肚子剖开，看着他的肠子到底怎么长的。大家被他这句话吓懵了，手下的人赶紧劝他："现在论酒量就一个周维岳能把陛下陪好了，若是把他杀了，就一个能陪您的人都没有了。"王延曦觉得有道理，那就留着他吧。

但是，不是所有的人都有这么好的运气，这个酒桌上的皇帝完全像一个市井酒徒。他的侄子王继柔没有酒量，只因为喝酒时边喝边洒耍滑就被砍了头。控鹤指挥使魏从朗也是因为触犯了酒桌上的潜规则而脑袋搬家。醉酒之后的王延曦非常残暴，他除掉了对自己的皇位构成威胁的一系列嫌疑人，包括宰相杨沂丰和亲生儿子王继业、王继严。

像这种连亲生儿子都能杀的酒疯子，李皇后难道就坐视不管吗？

李皇后其实和王延曦半斤八两旗鼓相当，她也是个酒鬼，这个女酒鬼的酒量比老公王延曦还大，当初王延曦被皇上侄子软禁在小院里的时候，两口子就靠对斟对饮猛喝酒打发时光，后来两个人都上了瘾。就和吸毒上瘾一样，喝酒上瘾之后，也有依赖性，李皇后有时候也参与王延曦的酒宴，不方便参加的时候，她就在宫里自己喝。喝醉酒的李皇后像个悍妇，谁都不敢招惹她，连王延曦看到醉酒的皇后都吓得遛着墙根走。王延曦属于怕老婆的皇上，那年泉州刺史余廷英假传圣旨掠取良家女子，这是杀头的罪，让王延曦知道后他这个生气啊，"我什么时候让你替我在民间抢劫美女了，宫里养着这样一个母夜叉皇后，我敢招美女进宫吗？"他下令一查到底，余廷英吓傻了，赶紧给皇上送礼，"进买宴钱千万"想买通皇上。王延曦拿到贿赂，问余廷英，这是给我喝酒的钱，那给皇后进贡的钱呢？余廷英赶紧着又给皇后送来千万钱进贡。从此，给皇后进贡成了一项不成文的规矩，只要给王延曦进贡送礼，必须捎带着给李皇后送一份儿，皇后和皇帝享受同等待遇。

收买老婆的男人，一般都心里有鬼，王延曦也属于心里有鬼的那一类男人。他不但宠爱着一个尚贤妃，还是同性恋，不但喜欢女色，也喜欢男色，他的亲外甥李仁遇就因为长得俊美好看，就被他发展为男同，这种乱伦的勾当他觉得很正常，后来这个李仁遇被他安排到身边当了宰相。

他那点儿破事李皇后都心知肚明，因为从根儿上就树立了怕老婆的意识，虽然现在是皇上了，他还是不敢和老婆对抗，李皇后只要摆好酒席想和他 pk 一下，他放下政务也要陪着她喝足喝好。据说，他们经常一边喝酒一边淫乐，人家喝酒那叫一个讲究，不是在桌子上摆酒宴，而是玩裸喝，灯火通明的寝室内，让宫女们伺候着，他们在床上边喝边淫乱，宫女们可以隔着屏风现场观摩，实在是最有创意的酒会。

李皇后是王延曦忠实的酒友，这个女人除了喝酒，除了用淫威拿住王延曦，在姿色上绝对打不过尚贤妃，这一直是李皇后最伤脑筋的事。王延曦明着怕老婆，暗里最疼爱的却是年轻貌美的尚贤妃。尚贤妃虽然被冠以贤妃的名号，这个女人实在称不上贤惠，在道德品质方面比李皇后强不到哪里去。王延曦天天醉生梦死的，十天有八天都在醉酒状态，有两天明白清醒的时候，还要被李皇后抓过去伺候她一天半，尚贤妃满心的羡慕嫉妒恨。她的排解方式就是抓住大权，想杀谁就杀谁。王延曦反正天天像个醉枣似的糊里糊涂，尚贤妃就趁他醉酒把朝政大权揽到自己手里，慢慢的形成一种习惯，王延曦索性就把工作全权委托给她了，她怎么说怎么是。尚贤妃手里拿着至高无上的权利，为所欲为，她想干什么就干什么，看谁不顺眼，想杀谁就杀谁，想重用谁就重用谁。她开始尝到了掌权的甜头，俨然她就是闽国一姐。

鏖战在酒场的李皇后慢慢感觉出有些不对劲儿了：唉，这事儿不对啊，我天天陪着王延曦喝酒，她掌权，合着我是三陪，她才是主角啊。这样下去不行，必须把这局面扭转过来。

但是大局已定，想扭转已经很难了。小三儿尚贤妃傲然地替王延曦拿着大印，根本不把她这个皇后放在眼里，王延曦这边惹不起李皇后，那边惹不起尚贤妃，他索性谁都不理了，靠第三条腿走路，他不是还有男宠呢吗，招惹不起女人了，还有男色呢。他生活的这个领地本来就有同性恋的地方特色，现在可以发扬光大一下，除了他美貌的外甥李仁遇，还能广泛地挖掘当地资源。王延曦躲到一边让女人们自己掐着玩，他一边喝酒一边寻找男色，头上戴着簪花，手上捧着小酒，优哉游哉，他不知道，后院里女人们的战争已经发展到白热化，马上就要起火了。

李皇后发现，自己是捍不动这个狐狸精小三儿的，她的后台就是王延曦，因为受到了他的宠爱她才敢这样龇毛乍翅，光吃醋不管事，这样下去长此以往自己就会被淹死在醋海里，当务之急不是从这个女人身上下手，而是从王延曦身上下手。如果没有了王延曦，这个女人屁都不是。替自己出气最好的办法就是杀掉王延曦，立自己的儿子王亚澄做皇帝。

这个招数确是狠了点，已经被酒精搞得失去理性的李皇后为了打垮姓尚的那个女人，下了狠心要对王延曦下手。她需要一个得力助手，首先想到的就是当年杀掉上一任皇上的朱文进、连重遇，这两个人因为王延曦酒后杀掉了他们的亲信控鹤指挥使魏从朗，这种杀鸡给猴看的做法，让他们几年来一直过着惊弓之鸟的生活。李皇后这次算是找对了人，他们正想着寻机对王延曦下手呢。

连自己同床共枕的女人都私下里准备下毒手，王延曦离死真就不远了。下手的机会很快就有了。944年三月十三，李皇后的老爸李真病了，按照人之常情，王延曦去探望老丈人，他是骑着马去的，李真不知道女儿已经联络了外人就要杀死王延羲了，那天这个老丈人盛宴款待了姑爷，酒喝得很尽兴，酒足饭饱之后，王延曦哼着小曲往外走，顺手从一个花盆里摘了几朵盛开的花儿插到帽子上，这哥们天生有簪花的爱好。门口的门帘三次拂落头上的簪花，他又捡起来整整齐齐戴好，就在他要上马的时候，连重遇、朱文进派去的随从假装扶王延曦上马，活活用绳子把他拉死了。

满身酒气，一头簪花的王延曦死在李皇后娘家门口的马上，他做梦都不会想到，他的李皇后亲手策划了这起谋杀案。

王延曦死了，连重遇当场宣布推立朱文进为闽主。李皇后不但没有把儿子推到皇上的位置上，连自己和王氏宗族的命都搭上了。

当朱文进的屠刀架到李皇后脖子上的时候，她才大呼上当，但是一切都来不及了，从此她只能到另外一个世界喝酒吃醋去了。